小学 **3** 年生

学校でも、家庭でも
教科書レベルの力がつく！

読解
習熟プリント

大判サイズ

コピーしやすい！

小山 修治郎 著

これなら
できた！

清風堂書店

はじめに

読解が苦手な子どもは、文章を読むことが苦手という場合がほとんどです。そこで本書は、「なんだか面白そう」「ちょっと読んでみよう」と思える内容を目指しました。

もし一回読んで悩んでいるようでしたら、もう一度文章を読んでみるよう声をかけてあげてください。答えのほとんどは、その中にあります。読むことがゴールへの近道なのです。

各学年で特に重要な項目は、低学年は「だれが」「どうした」という文の組み立ての基本。中学年は「つなぎ言葉」「こそあど言葉」など、文と文の関係や、段落の役割。高学年は「理由」「要約・主張」など、文章全体をとらえることです。

これらの項目の内容が無理なく身につくよう、易しい基礎問題から始め、つまずきやすいポイントは解説つきにしています。また、「読解に自信がある」という人も、まとめ問題でさらに自信を深めていけるようにしました。

本書が活用され、読解問題に楽しんで取り組む子どもが増えていくことを願います。

★改訂で、さらにわかりやすく・使いやすくなりました!

変わらない特長

○ 教科書レベルの力が身につく!

○ 大事なところはくり返し練習で「わかる」「できる」!

○ 通常より細かなスモールステップで「わかる」!

新しい特長

○ 学習項目ごとに、チェック→ワーク→おさらいの「3ステップ」。読解力の土台をつくる!

○ より実践的な「まとめ問題」で応用力がつく!

○ 答えに「ワンポイントアドバイス」つき

○ 読みやすくわかりやすい「太めの手書き風文字」

使い方

タイトルの学習項目の内容を中心に出題しています。

☑ チェック

まずはうでだめし。問題を解いてみることで、自分の力をチェックできます。

📖 ワーク

ワークの練習問題や解説で、理解が深まります。

おさらい

おさらいで、学んだ項目のしあげができます。

まとめ問題

まとめ問題でさらに実践力がつきます。

3ステップをくりかえすことで、読解力の基礎が身につく!

読解習熟プリント三年生 もくじ

①

次の『チーターの速さのひみつ』を読んで、後の問いに答えましょう。

チーターは、なぜ速く走れるのか。ひみつは体のつくりにある。

まず、体の長さに対して体重が軽い上に、細くて長いあしを持っている。一歩が大きいので、どんどん前に進む。

また、つめはつねに外に出ていて、スパイクのように地面を強くとらえる役わりをしている。やわらかいせぼねは、全身をバネのようにして走るのに役立っている。

チーターの体のつくりには、速く走れるひみつがいっぱいなのだ。

(1) 何の速く走れるひみつについて書かれていますか。

（　　　　　　）

(2) 体の長さに対して体重はどうですか。

（　　　　　　）

(3) チーターが速く走れるひみつをまとめると何ですか。

（　　　　　　）

（縦長の解答欄）

②

次の『のこさず食べよう』を読んで、後の問いに答えましょう。

みなさんはきゅう食をのこさず食べていますか。日本では、まだ食べられる食べ物が、毎日たくさんすてられています。コンビニなどでは、時間がすぎると、自動てきにすてられるべんとうやおかずがたくさんあります。家庭でも、買いだめしておいた食りょうが、古くなってすてられることも多いのです。

日本国内や世界には、食べ物がなくてこまっている人がたくさんいます。だから、毎日の食べ物を大切にしたいですね。

(1) 日本で毎日たくさんすてられているものは何ですか。

（　　　　　　）

(2) コンビニなどですてられているものは何ですか。

（　　　　　　）

(3) 家庭で古くなってすてられるものは何ですか。

（　　　　　　）

名前

月　日

①

どうする型 …… 人や物が動くようすを表します。

主語	じゅつ語
犬 が	走 る 。
ぼくは	考える 。
妹 も	走 る 。

じゅつ語からさがすと見つけやすいよ！

次の文の主語に＝＝、じゅつ語に――を引きましょう。

① ゆめさんは　一りん車で　遊ぶ。

② かずきさんは　図かんで　調べる。

③ 真っ赤な　夕日が　しずむ。

④ ぼくは　サッカーの　練習を　する。

②

何だ（どんなだ）型 …… 人や物の名前や、ようすを表します。

主語	じゅつ語
兄 は	サッカーせん手だ 。
まんがは	おもしろい 。
あの木に　カブトムシが	いる 。

次の文の主語に＝＝、じゅつ語に――を引きましょう。

① アリは　とても　小さい。

② 父は　学校の　先生です。

③ 公園の　池には　コイが　たくさん　いる。

④ 明日の　きゅう食は　カレーライスだ。

名前 ＿＿＿＿　　月　日

次の『クモの糸は二しゅるいある！』を読んで、後の問いに答えましょう。

⑦クモは細い糸のすをはって、えものをとらえます。実はこの糸、なかなかすぐれたしくみを持っています。

クモのすは、中心から外に向けて出ているたて糸と、うずまきじょうの横糸からできています。そのうち、ねばるのは横糸からです。横糸を虫めがねで見ると、糸の上に小⟨イ⟩さなつぶがたくさんついています。このつぶがねばねばしたえき体でできているのです。このねばねばしたえき体が体につくと、とらえたえものは動けなくなります。

このようにして、クモは虫をとらえているのです。

でも、クモの体にねばねばしたえき体がつくと、動けなくなってしまいそうです。だいじょうぶ、そんなことはありません。体の表面やあしから油のようなものを出して、ねばねばしたえき体にくっつかないようになっているのです。

このようなすぐれたしくみをいかして、クモは上手にえものをとらえているのです。

たて糸
横糸

(1) ⑦の文の主語とじゅつ語を書きましょう。

主語（　　　　）

じゅつ語（　　　　）

(2) 次のとくちょうは、たて糸と横糸のどちらですか。

中心から外に向けて出ている …（　　　　）

うずまきじょう …………（　　　　）

(3) ⟨イ⟩は、何でできていますか。

（　　　　）

(4) ⟨イ⟩が体につくと、えものはどうなりますか。

（　　　　）

(5) クモがすの上で横糸につかずに動けるのはなぜですか。（　）にあてはまる言葉を書きましょう。

体の表面や（　　　　）から（　　　　）を出すことで、ねばねばしたえき体に（　　　　）ようになっているからです。

しゅうしょく語「何を」

①

次の『鳴き声をきそうセミ』を読んで、後の問いに答えましょう。

真夏になると、たくさんのセミがその鳴き声をきそっています。たくさんのセミがその鳴き声をきそっています。なぜセミはあんなに大きな声で鳴くのでしょうか。

実はセミは、成虫になってから長くても一か月しか生きられません。オスはその間にメスをさがして、自分の子そんをのこさなければなりません。

だから、セミのオスは、ライバルに負けないように大きな声で鳴いているのです。

※子そん……子やまごのこと。

(1) セミは、真夏になると何をきそっているのですか。

（　　　　　　　　　）

(2) セミのオスは、鳴き声でだれをよんでいるのですか。

（　　　　　　　　　）

(3) セミの鳴き声が大きいのはなぜですか。

（　　）にあてはまる言葉を書きましょう。

（　　　　　）に負けない大きな声で鳴いて、（　　　　　）をのこせるようにするため。

②

次の『ラーメンたん生の地は？』を読んで、後の問いに答えましょう。

しょうゆ、とんこつ、みそなど、町ではさまざまな味のラーメン店を見かけます。

みなさんは、ラーメンがどのようにして生まれたか知っていますか。

ちゅうかそばとも言われるラーメン。もともと中国にあっためんりょう理が、日本流にアレンジされて生まれました。

日本人ごのみのモチモチしためんと、日本の文化である「だし」をうまくコラボさせて作られています。

この日本オリジナルのラーメンは、世界中の人々にあいされています。

(1) 町で見かけるのは何ですか。

（　　　　　）の（　　　　　）

(2) 日本のラーメンは、何をアレンジして生まれましたか。

（　　　　　）にあった（　　　　　）

(3) 日本オリジナルのラーメンは、何と何をコラボさせて作られていますか。

（　　　　　）

（　　　　　）

しゅうしょく語「何を」 ワーク

名前 ［　　　　　　　　　］　　月　　日

主語とじゅつ語のほかにしゅうしょく語を使うと、よりくわしい文になります。

しゅうしょく語は、「いつ」「どんな」「何を」など、文をくわしくする言葉です。

ここでは、「〜を」を入れてみます。

（主語）　　　（じゅつ語）
ぼくは　　します。

何をしたのかな？

↓

（主語）　（しゅうしょく語）（じゅつ語）
ぼくは　勉強を　します。

勉強をしたんだね！

---

①

次の文にあう「〜を」のしゅうしょく語を、下の □ からえらんで書きましょう。

① タコは（　　　　　　）食べる。

② プロ野球チームは（　　　　　　）目指している。

③ ぼくは（　　　　　　）流す。

④ 魚りょう理は（　　　　　　）強くする。

> ゆうしょうを
> なみだを
> エビを
> ほねを

②

次の文の主語に ＝、じゅつ語に──、「〜を」のしゅうしょく語に〜〜を引きましょう。

① 犬が えさを 食べる。

② アナウンサーが メモを 読む。

③ 鳥たちが 南の 山を 目指す。

④ わたしは 毎日 家で 音読を します。

⑤ ぼくは きのう おすしを おなかいっぱい 食べた。

> ③、④、⑤は、
> 「〜を」のほかにも
> しゅうしょく語が
> あるよ。

8

次の『世界のおぼん』を読んで、後の問いに答えましょう。

日本や中国では、八月ごろに「おぼん」という行事があります。おぼんは、一年の中でも大事な行事です。

おぼんは、自分の家にご先ぞ様のたましいをおむかえし、感しゃする行事です。だから家族でおはかまいりに行き、そうじをし、花などをおそなえします。

夏祭りなども全国で行われ、ぼんおどりや、屋台などを楽しみます。

中国ではもっとさかんです。町中がせんこうのけむりでおおわれることもあります。お寺に行ったり、町の人みんなで食事をしたり、おしばいをみたりします。

実は、アメリカなどにも「おぼん」と意味のにた行事があります。それは、「ハロウィーン」です。子どもたちがかそうして町中をねり歩き、おかしをもらいます。日本でも、かそうを楽しんだりしますね。

楽しいお祭りですが、ハロウィーンももともとはご先ぞ様をおむかえする行事なのです。

(1) 八月ごろにある大事な行事は何ですか。

（　　　　　　）

(2) (1)では、家に何をおむかえするのですか。

（　　　　　　）

(3) 中国では、おぼんにどんなことをしますか。三つ書きましょう。

・（　　　　　　）に行く。

・みんなで（　　　　　　）をする。

・みんなで（　　　　　　）をみる。

(4) アメリカなどの国の、おぼんににた行事は何ですか。

（　　　　　　）

(5) (4)の行事で、子どもたちは何をしますか。三つに分けて書きましょう。

・（　　　　　　）をする。

・（　　　　　　）をねり歩く。

・（　　　　　　）をもらう。

(6) おぼんとハロウィーンは、どんなところが同じですか。

どちらも（　　　　　　）をおむかえする行事です。

①

次の『おすしのゆらい』を読んで、後の問いに答えましょう。

⑦ おすしは、生魚とすしめしを組み合わせた日本を代表する食べ物です。けんこうにもよいということで、今では世界中に広まっています。では、なぜ「おすし」というか知っていますか。

すしは「酸し」、つまり「すっぱいもの」という意味からきた言葉です。

すしはもともと、魚を長い間ほぞんするために作られました。すしは漢字で、「酢」とよくにた「鮓」とも書きます。それは、ほぞんのために発こうさせた、すっぱい食べ物だったからなのです。

(1) この文章のテーマは何ですか。

（　　　　）

(2) ⑦の文の主語とじゅつ語を書きましょう。

主語（　　　　）

じゅつ語（　　　　）

(3) おすしはどんな意味からきた言葉ですか。

（　　　　）もの

②

次の『ざしき童子のはなし』を読んで、後の問いに答えましょう。

⑦ 明るい昼間、みんなが山にはたらきに出て、子どもが二人、庭で遊んでおりました。大きな家にはだれもいませんでしたから、そこらはしんとしています。

⑦ ところが、家のどこかのざしきで、ざわっざわっとほうきの音がしたのです。

二人の子どもは、おたがいかたにしっかりと手を組み合って、こっそり行ってみましたが、だれもどこにもいませんでした。ざわっざわっとほうきの音だけが聞こえます。

（宮沢　賢治　青空文庫より）

(1) ⑦での子どものようすについて答えましょう。

① 何人いましたか。

（　　　　）

② どこにいましたか。

大きな家の（　　　　）

③ 何をしていましたか。

（　　　　）

(2) ⑦では、家のどこで、どんな音がしましたか。

家のどこかの（　　　　）で、（　　　　）と（　　　　）の音がした。

10

しゅうしょく語
「いつ」「だれと」「どこで」「どんな」

ワーク

名前

月　日

長い文には、文をくわしくするしゅうしょく語がたくさん出てきます。

~~～～は、すべてしゅうしょく語です。それぞれ、──→の言葉をくわしくしています。

(だれの)
~~ぼくの~~

→ 弟は

(いつ)
~~あさって~~

(だれと)
~~友だちと~~

(どこへ)
~~遊園地へ~~

→ 行く。

① 次の □ の言葉をくわしくしているしゅうしょく語に～～を引きましょう。

① 池には たくさんの メダカ が いる。

② お出かけで よそいきの ワンピース を 着る。

③ 野球の しあい で わくわくする。

④ おいしそうな ナスが たくさん とれた。

② 次の文を読んで、後の問いに答えましょう。

ぼくは きのう 自転車で 公園に 行きました。

① ぼくは、⑦いつ ⑦何で ⑦どこに 行きましたか。

⑦（　　　　　）

⑦（　　　　　）

⑦（　　　　　）

わたしは 五時間目、学校園に 虫を さがしに 行った。

② わたしは、⑦いつ ⑦どこに ⑦何をしに 行きましたか。

⑦（　　　　　）

⑦（　　　　　）

⑦（　　　　　）

わたしは 昼休みに みきさんたちと おにごっこを しました。

③ わたしは、⑦いつ ⑦だれと ⑦何を しましたか。

⑦（　　　　　）

⑦（　　　　　）

⑦（　　　　　）

次の『秋の美しさ』を読んで、後の問いに答えましょう。

みなさん、秋の木々や草花をかんさつしてみませんか。田にはゆたかに米が実り、その上をひんやりとした秋風がふきわたり、いなほがサワサワとゆれています。

秋分の日のころには、田のあぜ道にヒガンバナがおぎょうぎよくならんでさいています。

もう少し秋が深まると、町のがいろじゅや山の木々がだんだん色づいてきます。サクラの葉は赤く、イチョウは黄色く色づき、はらはらとその葉をちらしていきます。神社や公園のクヌギなどの木から、「ぱちっ！」と音を立ててドングリが落ちてくるのもこのころです。

そして、こう葉のシーズンがやってきます。山一面が真っ赤にそまります。そのふ<ruby>一面<rt>いちめん</rt></ruby>が真っ赤にそまります。そのふた青空だと、なお美しいです。秋晴れのすきとおった青空だと、なお美しいです。

そうそう、秋はくだものも出そろいます。なし、くり、りんご、かきなどが秋を感じさせてくれますね。

※あぜ道……田と田の間の細い道。

(1) 筆者は何をかんさつしたらよいと言っていますか。

（　　　　　）

(2) ゆたかに米が実る秋の田は、どんなようすですか。

田の上を（　　　　　）とした
（　　　　　）がふきわたり、（　　　　　）が（　　　　　）とゆれている。

(3) サクラやイチョウの葉は、どんなふうにちりますか。

（　　　　　）とちる。

(4) ㋐の文の主語、じゅつ語、しゅうしょく語を書きましょう。

主語（　　　　　）
じゅつ語（　　　　　）
しゅうしょく語（　　　　　）

(5) 山のこう葉とススキがさらに美しく見えるのは、どんなときだと書かれていますか。

（　　　　　）のとき。

しゅうしょく語

「気持ち」や「ようす」を表す言葉

① 次の『ひさしぶりに会える！』を読んで、後の問いに答えましょう。

今日はいなかから、おじいちゃんとおばあちゃんが来る日です。わたしは朝からわくわくしていました。

学校が終わると、急いで家に帰りました。げんかんに着くと、心ぞうがドキドキしてきました。ずっと会っていなかったので、きんちょうしてきたのです。いつものやさしい声で、にっこり笑って「おかえり。」と言ってくれるかな。わたしはそっと、ドアを開けてみました。

(1) わたしは朝からどんな気持ちでしたか。

（　　　　　　　　　）

(2) げんかんについたとき、心ぞうはどんなようすでしたか。

（　　　　　　　　　）

(3) ドアをどのように開けましたか。

（　　　　　　　　　）

② 次の『台風の日』を読んで、後の問いに答えましょう。

台風がゆっくりと近づいてきました。空が急に暗くなったと思ったら、ザアーッと雨がふってきました。同時にかみなりが遠くでゴロゴロと鳴りました。

雨はどんどんはげしくなります。かい犬のキキは、かみなりがこわくてブルブルふるえています。ときどき、「キューン」と鳴いたりします。風がゴーゴーと声を上げ、大きな木がゆさゆさとゆれているのが見えました。

明日の朝には、きれいな青空になっているといいな、と思います。

(1) 空が急に暗くなった後、雨はどのようにふってきましたか。

（　　　　　　　　　）

(2) かみなりがこわいキキは、どんなようすでしたか。

・（　　　　　　　　　）とふるえている。

・「（　　　　）」と鳴く。

(3) 台風の風と、木のようすを表している言葉を書きましょう。

① 風（　　　　　　　）

② 木（　　　　　　　）

しゅうしょく語 「気持ち」や「ようす」を表す言葉 ワーク

名前

月 日

しゅうしょく語には、気持ちやようすを表す言葉もあります。

台風で まどが ガタガタ ゆれて、 わたしは ビクッと しました。

（主語）わたしは
（じゅつ語）しました。

ガタガタは 音だね。

①

次の □ の言葉をくわしくしている言葉を （ ） に書きましょう。

① 店に たくさんの ケーキ が ならんでいる。

② とつぜん 有名な タレント が あらわれた。

③ 春の 野原で かわいい ツクシ を 見つけた。

④ ふたごの パンダ が じゃれ合っている。

⑤ ふわふわの ソフトクリーム は 見るからに おいしそうだ。

②

次の □ の言葉をくわしくしている言葉を （ ） に書きましょう。

① 春の 風が、そよそよ ふく 。

② 大きな クマが とつぜん あらわれた 。

③ 秋の 空に まん月が ゆっくりと 上ってくる 。

④ くやしくて なきそうだったが ぐっと がまんした 。

⑤ 新幹線 のぞみ号が あっという間に 通かした 。

③

次の （ ） にあてはまるしゅうしょく語を □ からえらんで書きましょう。

① サクラの花びらが、（ ） ちる。

② おにぎりを見て、おなかが （ ） 鳴る。

③ すずしく （ ） 風が 入ってきた。

④ 秋の虫が （ ） 鳴いている。

さわやかな
ひらひらと
にぎやかに
グウと

次の『おならのふしぎ』を読んで、後の問いに答えましょう。

出るとはずかしいおなら。「ブオー」と大きな音で出ることもあれば、「プスー」と小さな音で出ることもある。なぜ出るたびに音がちがうのだろうか。

もともとおならは、ほとんどが口から飲みこんだ空気だ。この空気、何かを食べたり、水を飲みこんだりすると、しぜんに入ってくる。

体に入ってきた空気のほとんどは、はく息やゲップで出ていくが、のこったものはおなかの中に入っていく。それが、おなかの中を通りぬけて、やがておならとなって出ていくのだ。その空気が出るいきおいやりょうのちがいによって、おならの音の大きさや高さもかわるのである。

㋐けんこうな人でも、一日十回くらい出るそうだ。でも、あまりたくさん出る人は、食事の仕方や内ようを見直してみよう。

おならの回数をへらすには、できるだけおなかの中に空気が入らないように、よくかんで、ゆっくり食べるのがいいと言われている。また、海そうやバナナ、きのこなどもおなかの調子をととのえてくれるのでおすすめだ。けんこうのためにもよいので、ぜひ気をつけてみよう。

(1) 筆者がふしぎに思っていることは何ですか。（　）に言葉を書きましょう。

おならの（　　　）は、なぜ出るたびにちがうのか。

(2) おならの音のちがいについて書きましょう。

（　　　）と大きな音で出たり、（　　　）と小さな音で出たりする。

(3) もともとは、おならは何だと書かれていますか。

ほとんどは、（　　　）から飲みこんだ（　　　）。

(4) ㋐の文の主語はしょうりゃくされています。主語とじゅつ語は何ですか。文中からさがして書きましょう。

主語（　　　）は

じゅつ語（　　　）

(5) おならの回数をへらすための食べ方が書いてあるところに〜〜〜を引きましょう。

文の組み立て

名前（　　　　　　）　　月　　日

①

次の『グミでほねがじょうぶに？』を読んで、㋐～㋒の文の主語とじゅつ語を書きましょう。

㋐グミは、ゼラチンを使ってくだものののしるなどをかためたおかしです。アメやガムとはちがう、グミならではのかみごたえと味で、大人にも人気です。

㋑グミという名前は、ドイツ語で「ゴム」を意味する言葉から名づけられました。もともとこのおかしは、かむ力が弱いドイツの子どもたちのために作られました。わざとかために作って、たくさんかむひつようのあるおかしにしたのです。

㋒コラーゲンたっぷりのグミは、ほねの発たつにもよいのです。

㋐
| グミは | | おかしです。 |

㋑
| 名前は | | |

㋒
| グミは | | |

②

次の『おむすびころりん』を読んで、㋐～㋒の文の主語を□に、じゅつ語を□に書きましょう。

むかしむかし、あるところに、心のやさしいふうふが住んでいました。

ある日、㋐おじいさんはしばかりに行きました。

「ふう。こころでひと休みするか。」

㋑少しつかれたおじいさんは、切りかぶにすわりました。そして、おばあさんが作ってくれたおむすびのつつみを開けました。

すると、つつみを開けたとたん、おむすびがコロコロ転がり始めました。おむすびは、㋒あなの中に落ちてしまいました。

㋐
| | 行きました。 |
| | |

㋑
| 少し | つかれた | → は |
| | |

㋒
| あなの中に | → |
| | |

16

文は、主語とじゅつ語としゅうしょく語でできています。主語とじゅつ語をとらえると、話題が何かを大まかにとらえることができます。

今日 食べた　チーズケーキは、ほどよい　あまさで　おいしかった。

（主語）
チーズケーキは

（じゅつ語）
おいしかった。

チーズケーキがおいしかった話をしているんだね。

① 次の文の主語を□、じゅつ語を□に書きましょう。

① 今年の　夏は　とても　暑い。

② あの　たて物は　町の　図書館だ。

③ 中庭の　池に　カメが　三びき　いる。

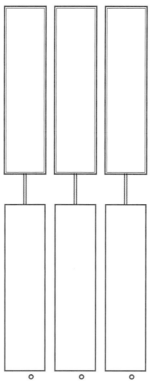

しゅうしょく語がいくつかある文も、図にすると、どの言葉がどの言葉をくわしくしているかがよくわかります。

今日 — 食べた — チーズケーキは
　　　ほどよい — あまさで — おいしかった。

② 次の文の主語を□、じゅつ語を□に書きましょう。

① 大きな　犬が　野原を　かけまわる。

かけまわる

② ゆかさんは、今　話題の　えいがに　行く。

今

次の『セロひきのゴーシュ』を読んで、後の問いに答えましょう。

するとたぬきの子は、ぼうをもってセロのコマの下のところをひょうしをとってぽんぽんたたきはじめました。それがなかなかうまいので、ひいているうちにゴーシュはこれはおもしろいぞと思いました。

おしまいまでひいてしまうと、たぬきの子はしばらく首をまげて考えました。それからやっと考えついたというように言いました。

「ゴーシュさんはこの二番目の糸をひくときは、きたいにおくれるねえ。なんだかぼくがつまずくようになるよ。」

ゴーシュははっとしました。たしかにそのゴーシュの糸は、どんなに手早くひいても、すこしたってからでないと音が出ないような気がゆうべからしていたのでした。

「いや、そうかもしれない。このセロは悪いんだよ。」

とゴーシュは悲しそうに言いました。

※1　セロ……バイオリンを大きくしたような形のがっき。チェロとも言う。
※2　きたいに……ふしぎに。

（宮沢 賢治　青空文庫より）

(1) Ⓐについて、次の問いに答えましょう。

① だれが思ったのですか。

（　　　　　　　　）

② 何を見て思ったのですか。

（　　　　　　　　）が、セロのコマの下のところをぼうでたたくようす。

(2) Ⓑについて、次の問いに答えましょう。

① 「やっと考えついたというように」と同じような、よく考えていたことがわかるところに〜〜〜を引きましょう。

② Ⓑの文には主語がありません。主語を入れるなら、次のうちどれがあてはまりますか。○をつけましょう。

ア（　　）ゴーシュさんは
イ（　　）セロは
ウ（　　）たぬきの子は

(3) ゴーシュがはっとしたのはなぜですか。（　　）にあてはまる言葉を書きましょう。

その糸は、どんなに（　　　　　　　　）ひいても、すこしたってからでないと（　　　　　　　　）ような気が（　　　　　　　　）からしていたから。

名前

月　日

①

次の『公園遊び』を読んで、後の問いに答えましょう。

きのう、家族で公園に行きました。わたしはさかあがりの練習をしていました。

すると弟が、

「あそこの木まできょうそうしよう！」

と言いました。わたしはお姉さんなので、大また一歩分後ろからスタートすることにしました。用意、ドン！弟はけっこう速いので、わたしも本気です。あと少しでぬかせそう、そう思ったとき、わたしはこけてしまいました。お母さんが、

「こっちへおいで。水であらおうか。」

と言ってくれました。少しいたかったですが、また公園に行きたいです。

(1) いつ、どこへ行ったときの話ですか。

（　　　）、（　　　）へ行ったときの話。

(2) Ⓐとありますが、木はどこにありますか。正しいものに〇をつけましょう。

　ア（　　）弟のすぐ近く

　イ（　　）わたしのすぐ近く

　ウ（　　）弟からもわたしからも遠い

(3) Ⓑとありますが、どのように思ったのですか。思ったことが書かれているところに〜〜〜を引きましょう。

②

次の『赤いくつ』を読んで、後の問いに答えましょう。

あるところに、小さい女の子がいました。その子はとてもきれいなかわいらしい子でしたが、びんぼうだったので、夏のうちははだしで歩き、冬はあつぼったい木のくつをはきました。

〈中略〉

村の中ほどに、年よりのくつ屋のおかみさんが住んでいました。そのおかみさんはせっせと赤いぬので小さなくつをこしらえました。それは、かっこうのわるいものでしたが、心のこもった品で、その女の子にあげることになっていました。その女の子の名はカレンといいました。

（アンデルセン　作　楠山　正雄　やく　青空文庫より）

(1) ㋐そのおかみさんは、どんなおかみさんですか。

　（　　　）の（　　　）のおかみさん。

(2) ㋑それは何を指していますか。

（　　　　　　　　　）

(3) ㋒その女の子の名前を書きましょう。

（　　　　　）

「こそあど言葉」は、「ものごと」「場所」「方向」「ようす」などを指すはたらきをします。

	こ　そ　あ	ど
ものごと	これ　それ　あれ	どれ
	この　その　あの	どの
場所	ここ　そこ　あそこ	どこ
方向	こちら　そちら　あちら	どちら
	こっち　そっち　あっち	どっち
ようす	こんな　そんな　あんな	どんな
	こう　そう　ああ	どう

こ→話し手の近くにあるものを指す。
そ→聞き手の近くにあるものを指す。
あ→話し手からも聞き手からも遠くにあるものを指す。
ど→はっきりしない。

次の絵を見て、（　）にあてはまるこそあど言葉を　　からえらんで書きましょう。（同じ言葉は二回使いません。）

①
（　）が
地球だよ。

③
（　）は
夕食のおかずです。

⑤
（　）は
リレーでこけた。
ずではなかった。

②
（　）は
何の本かな。

④
（　）が
さなぎですか。

⑥
（　）鳥は
コウノトリだ。

これ　それ　あれ　どれ　あの　こんな

名前

月　日

次の『コウノトリ』を読んで、後の問いに答えましょう。

「幸せを運ぶ鳥」ともいわれるコウノトリ。日本では、数十年前に一度ぜつめつして〇羽になりました。しかし、ふたたび野生に生き返りつつあります。それは、兵庫県の但馬地方の人たちのどカのけっかでした。

もともとコウノトリは、日本全国の田んぼや川にくらす鳥でした。しかし、田んぼにたくさん農薬をまいたり、川をうめ立てたりしたことですむ場所がなくなり、その数はへってしまいました。

そこで、ロシアからおくられたコウノトリを大事に育て、たまごをうむためのす作りなどの手助けをするようにしました。

また、農薬を使わないようにすれば、小魚やカエル、バッタなどがたくさんすむ田んぼにもどります。それらはコウノトリのエサになるのです。農家の人たちは、どうすれば農薬を使わずにお米を育てられるか、ちえを出し合いました。かんたんなことではありませんでしたが、たくさんの農家が「コウノトリのためなら」ときょう力しました。そんながんばりにより、コウノトリがすみやすい、ゆたかな自ぜんへとかわっていったのです。

育ったコウノトリは野生に放し、このごろでは、二百羽をこえるコウノトリが日本中の空をまっています。

(1) ──ア それは何を指していますか。

（　　　　　　　）がふたたび野生に生き返りつつあること。

(2) コウノトリは、もともとどこでくらしていましたか。

（　　　　　　　）の（　　　　　　　）や（　　　　　　　）。

(3) ──イ その数は何の数を指していますか。

（　　　　　　　）

(4) 但馬地方の人たちがコウノトリのためにしたことを二つ書きましょう。

・コウノトリが（　　　　　　　）をうむための（　　　　　　　）などの手助け。

・（　　　　　　　）を使わない米作り。

(5) ──ウ それらは何を指していますか。三つ書きましょう。

（　　　　　）（　　　　　）（　　　　　）

① 次の『動物を食べる植物？』を読んで、後の問いに答えましょう。

「動物を食べる植物」。そんなの、いるわけないよという声が聞こえてきそうだが、動物を食べる植物は本当にいる。動物といっても、食べるのは主にハエやかなどの小さな虫だが、ときにはカエルも食べる。

⑦それらを食 虫 植物という。

とくに有名なのがウツボカズラだ。つるの先には、虫などをつかまえる⑦ふくろがある。そのふくろの入り口はとてもすべりやすくなっていて、虫が近づくとすいこまれるようにふくろの中に落ちる。そして、ふくろの中のえき体でとかされてしまうのだ。

(1) ⑦それらとは何ですか。

　　　　□□□□
　　──────　を食べる
　　　　□□□□

(2) (1)が食べるものを三つ書きましょう。

　（　　　）（　　　）（　　　）
　などを

(3) ⑦そのふくろとは、どんなふくろを指していますか。

　（　　　　　　　　）ふくろ

② 次の『お年玉ってなあに？』を読んで、後の問いに答えましょう。

お正月の楽しみでもあるお年玉。実は、お年玉の「年」は年神様、「玉」はたましいという意味があるのを知っていますか。

もともとお正月は、家族を見守る⑦「年神様」が来てくれるおいわいでした。その神様からたましいを分けてもらうと、一年間幸せにすごせると考えられていたのです。

昔は、たましいがかがみもちに宿ると言われていて、⑦そのおもちを家族で分けて食べていました。それがほかのおくりものやお金にかわっていき、今の「お年玉」になったと言われています。

(1) ⑦その神様とは何を指していますか。

　（　　　　　　　　）

(2) (1)の神様は、どんな神様ですか。

　（　　　　　）を見守る神様

(3) ⑦そのおもちとは、何を指していますか。

　（　　　　　　　　）

こそあど言葉 ②　ワーク

名前　　　　　　　　　　　月　　日

1
次のこそあど言葉は、どんなときに使われますか。あうものを──でむすびましょう。

① ここ　そこ　あそこ　どこ　　　　　・　　　・　方向を指ししめすとき

② こちら　そちら　あちら　どちら
　 こっち　そっち　あっち　どっち　・　　　・　場所を指ししめすとき

③ これ　それ　あれ　どれ
　 この　その　あの　どの　　　　　・　　　・　ようすを指ししめすとき

④ こんな　そんな　あんな　どんな
　 こう　そう　ああ　どう　　　　　・　　　・　ものごとを指ししめすとき

2
次の文の──のこそあど言葉が指している言葉を、横の（　）に書きましょう。

① 向こうに茶色いマンションが見えますね。あそこの五階が、ぼくの家です。（　　　　　　）

② レタス、はくさい、こまつな、これらをまとめて、葉物野菜とよぶ。（　　　　　　）

③ 家族みんなでショッピングモールへ行った。そこで、夜ごはんを食べた。（　　　　　　）

④ わたしのたからものは、くまのぬいぐるみだ。毎日、それをだいてねている。（　　　　　　）

⑤ 外はどしゃぶりだ。こんな天気では、明日の遠足は中止だろう。（　　　　　　）

次の『七五三のねがい』を読んで、後の問いに答えましょう。

十一月十五日は七五三です。なぜ七さい、五さい、三さいのおいわいなのでしょうか。

昔は、七さいより小さい子どもたちが病気でなくなることがよくありました。

そこで、これまで育ったことへの感しゃと、これからも元気にせい長しますように、というねがいをこめて、おいわいするようになったのです。

また、三さいは男の子と女の子、五さいは男の子、七さいは女の子のおいわいをしますが、それにも意味があります。

昔は、男の子も女の子も、生まれてしばらくは丸ぼうずで、三さいになったらかみをのばす「カミオキ」という行事がありました。だから、三さいでは女の子も男の子もおいわいをするようになったのです。

ほかにも、五さいの男の子は「ハカマギ」、七さいの女の子は「オビトキ」という、着物を着る行事がありました。このことから、男の子は五さい、女の子は七さいでおいわいするようになったと言われています。

また、七五三では細長い形の「ちとせあめ」をもらいます。これにも、「あめのように細く、長く、ねばり強く、長生きしてほしい」というねがいがこめられています。

(1) 七五三は何さいのおいわいですか。

（　）さいと（　）さいと（　）さい

(2) 七五三は、昔の人のどんな思いから始まりましたか。二つ書きましょう。

・これまで育ったことへの（　）。

・これからも元気に（　）します
ように、というねがい。

(3) ⑦それは何を指していますか。

（　）さいは男の子と女の子、
（　）さいは男の子、（　）
さいは女の子の（　）をすること。

(4) ①このことは何を指していますか。文中からさがして~~~~を引きましょう。

(5) ⑦これは何を指していますか。

☐

① 次の『ペットしょうかい』を読んで、後の問いに答えましょう。

わたしのかっている鳥のことを話します。ほっぺが赤いオカメインコの「ピイ」です。名前をよぶと指先にとまります。

ア 、近づいてきて「なでて！」というように頭を下げます。そのしぐさがとてもかわいいです。

イ 、たまにつくえの角や柱をかんでしまいます。いたずらずきなところには、少しこまっています。

ピイは、わたしが赤ちゃんのころからずっといっしょで、いっしょにせい長してきました。

ウ 、ピイはわたしたちの家族なのです。

(1) ア〜ウにあてはまる言葉を □ からえらんで書きましょう。

ア（　　　）

イ（　　　）

ウ（　　　）

┌─────────┐
│ でも　だから　また │
└─────────┘

(2) わたしは、ピイのどんなところにこまっていますか。

（　　　　　）なところ。

② 次の『ハチドリと赤い花』を読んで、後の問いに答えましょう。

ハチドリは、名前の通り、ハチのように花のみつをすう鳥だ。

ミツバチなどの虫は、赤色をはっきり見分けることができないため、赤い花にあまりとまらない。

ア 、ハチドリはとても目がよいので、よく目立つ赤い花が大すきだ。

花は虫や鳥に花ふんを運んでもらうことで数をふやす。虫よりも体の大きいハチドリがみつをすいにきてくれたら、花は数をたくさんふやすことができる。

イ 、ハチドリのすむ場所にさく花は、ハチドリにあわせて赤くなったと言われている。植物も生きるために進化してきたのだ。

(1) ハチドリのエサは何ですか。

（　　　　　）

(2) 花はどのようにして数をふやしますか。

（　　　）や（　　　）に（　　　）を運んでもらうことで、数をふやす。

(3) ア、イにあてはまる言葉を □ からえらんで書きましょう。

ア（　　　）

イ（　　　）

┌─────────┐
│ だから　しかし │
└─────────┘

つなぎ言葉 ① ワーク

名前 _____ 月 _____ 日

つなぎ言葉は、文と文をつなぐのに使います。つなぎ言葉は大きく分けて二つあります。

㋐
| ① |
↓
つなぎ言葉
↓
| ② |

「それで」「だから」「そして」「すると」「したがって」など

（①の文が、そのまま②につながる。）

㋑
| ① |
↓
つなぎ言葉
↓
| ② |

「しかし」「けれど」「ところが」「だが」「でも」など

（②の文が、①と反対のことを表す。）

---

① 次の文のつなぎ言葉を〇でかこみましょう。

① 雨がふった。けれど、外で遊んだ。

② おなかがすいた。だから、急いでおにぎりを食べた。

③ やきそばを食べた。そのうえ、白ごはんも食べた。

---

② 次の文のつなぎ言葉として、正しい方を〇でかこみましょう。また、そのつなぎ言葉が、右の㋐、㋑のどちらのなかまか □ に書きましょう。

① 勉強でつかれた。
〔 だから / だが 〕
ひと休みしよう。
□

② なわとびをがんばった。
〔 しかし / そこで 〕
新きろくは出なかった。
□

③ やくそくの時こくになった。
〔 ところが / なぜなら 〕
友だちはまだこない。
□

④ テニスのしあいで勝った。
〔 けれども / したがって 〕
二回せん進出だ。
□

⑤ 一日中ゲームをした。
〔 だから / それでも 〕
母にしかられた。
□

名前　　　　　　　　　　月　　日

次の『ムササビの一日』を読んで、後の問いに答えましょう。

森の小鳥たちがねむりにつくころ、昼の
ねむりから目ざめたムササビたちの活動が
始まります。

木のあなから出てきたムササビは、木の
上の方へすばやくかけのぼっていきます。

ア　、前あしから後ろあしに広げて、たくみ
「皮まく」をいっぱいに広げて、風に乗っ
※1
て、まるでグライダーのようにとびます。
太く長いしっぽを左右に動かして、たくみ
にかじをとります。
※2

しっぽは、体と同じくらいの長さがあり
ます。しっぽの役わりは、とぶときのかじ
とりだけではありません。たとえば、雨の
日にはかさの代わりになったり、寒い日に
はふとんの代わりになったりもします。

木の下には、ムササビのてきがたくさん
います。

イ　、木からあまりおりず、
木から木へとびうつって食べ物をさがして
いるのです。

おなかもいっぱいになり、東の空がうっ
すらと明るくなるころ、ムササビたちはす
あなにもどり、深いねむりにつくのです。

※1　皮まく……皮のようなまく。
※2　かじをとる……進む方向をそうさすること。

（1）　ア　、　イ　にあてはまる言葉を　　からえら
んで書きましょう。

ア　（　　　　　）　イ　（　　　　　）

┌──────────────┐
│　そして　だから　たとえば　│
└──────────────┘

（2）　ムササビはどのようにとびますか。

（　　　　　）をいっぱいに広げて、風に
乗って、まるで（　　　　　）の
ようにとぶ。

（3）　ムササビのしっぽには、どんな役わりが
ありますか。三つ書きましょう。

・とぶときの（　　　　　）
・雨の日の（　　　　　）の代わり
・寒い日の（　　　　　）の代わり

（4）　ムササビが木から木へとびうつって食べ
物をさがすのはなぜですか。

（　　　　　　　　　　　　　）

（5）　ムササビが活動するのはいつですか。正
しい方に○をつけましょう。

ア　（　　　）昼から夜の間
イ　（　　　）夜から早朝の間

① 次の『カレーライスとソーライス』を読んで、後の問いに答えましょう。

甲子園球場の名物、カレーライス。それは、球場ができたころから百年つづく人気メニューです。

甲子園につづき、大阪の阪急百貨店の食どうにもカレーライスが登場し、人気メニューになりました。

　ア　、そのころのカレーライスはねだんが高く、だれもが食べられるものではありませんでした。

　イ　できたのがソーライスです。お皿に、白ごはんと福神づけ。それにソースをかけて食べたそうです。それが、当時の人に人気の食べ方だったのです。

(1) ア、イにあてはまる言葉を［＿］からえらんで書きましょう。

　ア（　　　　）イ（　　　　）

┌──────────────┐
⋮　そこで　　ところが　⋮
└──────────────┘

(2) どのようにしてソーライスができたのですか。

（　　　　　　　）はねだんが高かったので、ごはんに（　　　　　　　）をかけて食べるようになった。

② 次の『きき手、きき足、きき目?』を読んで、後の問いに答えましょう。

左右の手足で、より使いやすい方を「きき手」や「きき足」と言います。

はしやえんぴつを持つ手が右の人は「右きき」と言ったりします。

実は、目にも「きき目」があります。

両目を開けたまま、目の前に手でわっかを作り、わの中を見てみましょう。

　ア　、そのわをずらさずにかた目ずつ見てみます。

　イ　、一方の目はそのまま見えるのに、もう一方の目では少しずれて見えます。そのまま見えた方が「きき目」です。

　ウ　、両目で見ているようで、実はかた方の目を中心に使っているのです。

(1) ア〜ウにあてはまる言葉を［＿］からえらんで書きましょう。

　ア（　　　　）イ（　　　　）

　ウ（　　　　）

┌──────────────┐
⋮　たとえば　すると　そして　⋮
└──────────────┘

(2) どのように見えた方が「きき目」ですか。正しい方を〇でかこみましょう。

わの中をかた目ずつ見たとき、

｛そのまま｝
｛ずれて　｝　見えた方。

文と文をつなぐ言葉には、次のような役わりをするものもあります。

⑦ 前の文につけたすつなぎ言葉（さらに、そのうえ　など）

⑦ 前の文をまとめるつなぎ言葉（つまり、このように　など）

1 次の（　）にあてはまるつなぎ言葉を、□からえらんで書きましょう。

① ちこくしそうだったので、学校まで走った。（　　　）、間に合わなかった。

② 今日は雨だ。（　　　）、風も強い。

③ わたしには姉と弟がいる。（　　　）、三人きょうだいだ。

> つまり　そのうえ　しかし

2 □のつなぎ言葉をかえて、一つの文にします。（　）にあてはまる言葉を、□からえらんで書きましょう。

① まどを開けた。 すると 、風が入ってきた。
　→ まどを開ける（　　　）、風が入ってきた。

② おにごっこをした。 それで 、おなかがすいた。
　→ おにごっこをした（　　　）、おなかがすいた。

③ 図書館で本をかりた。 ところが 、まだ読んでいない。
　→ 図書館で本をかりた（　　　）、まだ読んでいない。

> から　が　と

2 つなぎ言葉を使った二つの文は、次のように一つの文にすることができます。

今日は暑い。 だから 、かき氷がおいしい。

今日は暑い から 、かき氷がおいしい。

「から」の代わりに、「ので」も使えそう！

次の『チンパンジーとヒトの赤ちゃん』を読んで、後の問いに答えましょう。

チンパンジーは、ヒトと同じように道具を使う、とてもかしこい動物です。では、赤ちゃんのときは、ヒトとどのようなちがいがあるのでしょうか。

チンパンジーの赤ちゃんは、四さいくらいまでおちちを飲んでいます。おちちを飲まなくなるまで、ずっとお母さんにだっこされています。お母さんにべったりで、とくに生まれてしばらくはお母さんが一人で子育てしています。　⑦　、だんだんお母さんやまわりのチンパンジーのまねをするようになり、いろいろなことができるようになっていきます。

　⑦　、ヒトの赤ちゃんは、もちろんだっこもされます　Ⓐ　、ベッドであお向けになってねている時間が長いです。あお向けになってねている　Ⓑ　、いろいろなものを見ることができます。お母さんに何かを教えてもらったら、「これでいいの?」とたしかめたりもします。そうして、お母さんやまわりの人たちとコミュニケーションを取りながら大きくなっていきます。

チンパンジーの赤ちゃんとヒトの赤ちゃんには、このようなちがいがあるのです。

(1) チンパンジーは、どんな動物だと書かれていますか。

チンパンジーは、ヒトと同じように（　　　　）を使う、とても（　　　　）動物。

(2) ⑦、⑦にあてはまる言葉を、□からえらんで書きましょう。

⑦（　　　　）　⑦（　　　　）

| 一方　だから　それから |

(3) Ⓐ、Ⓑにあてはまる言葉を、□からえらんで書きましょう。

Ⓐ（　　　　）　Ⓑ（　　　　）

| ので　が |

(4) チンパンジーの赤ちゃんとヒトの赤ちゃんのすごし方のちがいを書きましょう。

チンパンジーの赤ちゃんは、ずっと（　　　　）されているが、ヒトの赤ちゃんはベッドで（　　　　）になってねている時間が長い。

① 次の『お月見』を読んで、後の問いに答えましょう。

㋐秋は空が青く高くすみわたるので、月が大きく、はっきりと見えます。

お月見は、一年でもっとも月が美しいとされる「十五夜」にします。おそなえ物の月見だんごやススキには、作物がたくさん実ったことに感しゃするという意味があります。

お月見はもともと、中国から来た行事です。中国では、月餅というまるい形をしたおかしを食べます。まるい形は月を表し、家族が丸く、なかよくなろうという意味がこめられています。

(1) ㋐の文を二つに分けましょう。

（　すみわたります。　）

（　　　　　　　　　）

(2) (1)の二つの文をつなぐ言葉を、░░░からえらんで（　）に書きましょう。

（　　　　　　　　　）から

> しかし　だから　また

② 次の『赤とんぼ』を読んで、後の問いに答えましょう。

赤とんぼは、※1かあいいおじょうちゃんの赤いリボンにとまってみたくなりました。

でも、おじょうちゃんがおこるとこわいな——と、赤とんぼは頭を※2かたげました。

けど、とうとう、おじょうちゃんが前へ来たとき、赤とんぼは、おじょうちゃんの赤いリボンにとびうつりました。㋐おじょうちゃんは、「まァ、あたしのぼうしに。」と言って、うれしさにとびあがりました。

※1　かあいい……かわいい。
※2　かたげる……かーげる、かたむける。

(新美　南吉　青空文庫より)

(1) 赤とんぼは、どこにとまってみたくなりましたか。

おじょうちゃんの（　　　　　　　　　）

(2) ㋐の文を二つに分けます。（　）にあてはまるつなぎ言葉を、░░░からえらんで書きましょう。

おじょうちゃんは、「まァ、あたしのぼうしに。」と言いました。（　　　　　　　　　）、うれしさにとびあがりました。

> そして　ところが　なぜなら

次の文は、二つに分けることができます。つなぎ言葉などを使うとわかりやすくなります。

わたしはいつも家でだらだらしてしまうので、帰ったらすぐに宿題をすることにしました。

わたしはいつも家でだらだらしてしまいます。

そこで、帰ったらすぐに宿題をすることにしました。

長い一文は、分けるとすっきりするね！

次の文を二つに分けて、□にあてはまる言葉を⌐┐からえらんで書きましょう。

① 姉はとてもやさしいので、みんな姉のことが大すきだ。

② ぼくが消ぼうしになりたいのは、人の命をすくいたいからだ。

ぼくは

③ ゆいかさんはコンクールで金しょうをとるほど絵が上手で、ドッジボールもクラスで一番強い。

┌─────────
│ なぜなら　だから　そのうえ
└─────────

名前

月　　日

次の『三本の角をもつトリケラトプス』を読んで、後の問いに答えましょう。

三本の角をもつトリケラトプス

三本の角をもつトリケラトプスは、※1植物食きょうりゅうの中でもっとも有名です。三本のうち、長い二本は目の上にあって、一メートルほどもあったようです。角は、肉食きょうりゅうにおそわれたときのぶきになるだけでなく、オスどうしの力くらべにも使われました。

▲トリケラトプス

トリケラトプスといえば、首のまわりのえりかざりもとくちょうの一つです。このえりかざりには、※2急所である首を守るはたらきがありました。

実さいに、あるトリケラトプスのえりかざりの化石から、ほかのきょうりゅうの角がささったあとが発見されています。えりかざりによって、直せつ首にダメージを受けないようにしていたのです。

角もえりかざりも、せい長するにつれて大きくなります。トリケラトプスは、これらを見て、自分のなかまかどうか見分けていたようです。また、角やえりかざりが大きいほど、かっこよくみりょくてきだったとも言われています。

このように、角やえりかざりは、トリケラトプスにとって大切なものだったのです。

※1　植物食きょうりゅう……植物を食べるきょうりゅう。
※2　急所……体の中で、生命にかかわる大事なところ。

(1) トリケラトプスはどんなきょうりゅうですか。（　）にあう言葉を書きましょう。

（　　　　　）をもつ、（　　　　　）なきょうりゅうです。

(2) ㋐の文について、次の問いに答えましょう。

① 使われましたとありますが、何が使われたのですか。主語を書きましょう。

（　　　　　　　）

② 文を二つに分けましょう。

（　　　　　　　　　　　　　）

（　　　　　　　　　　　　　）

それだけでなく、

(3) ㋑これらは何を指していますか。

（　　　　）と（　　　　）

一文をまとめる

①

次の『みそとこうじきん』を読んで、後の問いに答えましょう。

㋐「みそ」はみそしるをはじめ、みそラーメンやみそカツなど、さまざまなりょう理に使われます。

昔は、家庭でもみそを作っていました。まず、むした大豆を玉のように丸めて「みそ玉」を作ります。それをわらでつつみ、天じょうにつるしておきます。すると、空気中の「こうじきん」がつくので、それをたるに入れてねかせます。きんと心配になりますが、みそをおいしくしてくれる安全なきんです。

このこうじきんは、今もみそや酒などを作るのに広く使われています。

(1) ㋐の文を短くまとめます。（　）にあてはまる言葉を書きましょう。

（　　　）は、（　　　）に（　　　）。

(2) みその作り方を短くまとめます。（　）にあてはまる言葉を書きましょう。

みそ玉に・（　　　）をつけて、たるに入れて（　　　）。

②

次の『サツマイモ』を読んで、後の問いに答えましょう。

㋐秋も深まると、わたしたちは温かいやきいもを食べたくなります。

サツマイモは二百五十年ほど前に、米がとれないときのひじょう食として広まりました。やがて、そのおいしさから、やきいもせん門店は江戸の町にたくさんでき、人気のファストフードとなりました。

ファストフードといえば、今はハンバーガーやたこやきが人気ですが、昔はそば、すし、天ぷらなどが人気でした。すしや天ぷらは今ではごちそうですが、昔は屋台で気軽に買える食べ物だったのです。

※江戸……昔の東京の名前。

(1) ㋐の文の主語とじゅつ語を書きましょう。

主語（　　　）

じゅつ語（　　　）は

(2) 人気のファストフードを、今と昔で分けて書きましょう。

① 今（　　　）（　　　）

② 昔（やきいも）（　　　）（　　　）（　　　）

一文が長いときは、まず主語とじゅつ語を見つけて、そこに大事な言葉をつけたして文を短くまとめると、すっきりしてわかりやすくなります。

先週　わたしは　家族と　いっしょに　近くの　公園で　お花見を　しました。

（主語）
| わたしは |

（大事な言葉）←
| お花見を |

（じゅつ語）
| しました |
。

「何を」は、大事な言葉になることが多いよ。

次の文の主語を□、じゅつ語を□に書き、□に〈　〉のしゅうしょく語を書いて短くまとめましょう。

① ぼくは　日曜日に　運動会の　ごほうびに　家族と　やき肉を　食べました。

| ぼくは |

〈何を〉
| |
。

② 近所の　犬が　ぽかぽか　あたたかい　日なたで　昼ねを　している。

〈何を〉
| |
。

③ わたしは一年生の　ときから　三年間　クラスが　同じで　なかよしの　ゆうきさんと　ひさしぶりに　遊びました。

| |

〈だれと〉
| |
。

一文をまとめる　おさらい

次の『万能食品　大豆』を読んで、後の問いに答えましょう。

名前　　　　　　　月　日

⑦大豆は「畑の肉」とよばれるほど、えいようのある植物です。日本では二千年前からさいばいされ、さまざまな食べ物に作りかえられています。

まず、しゅうかくするときと食べるときの見た目があまりかわらないのが、えだ豆となっとうです。

えだ豆はまだわかくてやわらかいうちにしゅうかくしたもので、ゆでて食べます。なっとうは、ねばねばしたえいようまん点の食べ物です。び生物の「なっとうきん」の力でなっとうになります。

見た目が大きくかわるものには、とうふやきなこがあります。⑦とうふは、日本の食たくに、きせつにかんけいなくよく登場します。とうふからは、油あげ、がんもどきなどもできます。きなこは和がしなどによく使われます。大豆をいって、こなにひいて使います。

さらに、大豆は和食にとってもっとも大切なみそやしょうゆのもとにもなります。いわば大豆は、和食をささえる「えんの下の力持ち」。日本人にとってたいへんじみのある、かかせないものなのです。

（1）大豆は、えいようがあることから何とよばれていますか。
（　　　　）

（2）⑦の文を短くまとめます。（　）にあてはまる言葉を書きましょう。
（　　　）は（　　　）のある（　　　）です。

（3）しゅうかくしたときと食べるときの見た目があまりかわらない食べ物を二つ書きましょう。
（　　　）
（　　　）

（4）⑦の文を短くまとめます。（　）にあてはまる言葉を書きましょう。
（　　　）は、日本の（　　　）に、よく（　　　）します。

（5）大豆が大切なものだということがわかる言葉を、文中からさがして書きましょう。

だん落をまとめる　チェック

1

次の『まるでにんじゃ？アゲハチョウ』を読んで、後の問いに答えましょう。

① アゲハチョウのよう虫は鳥のフンにそっくりです。これは、てきにおそれにくくするためと言われています。

② それでも、てきにおそわれそうになるときもあります。そんなときは、まず、体の目玉もようでおどかします。もしせ中をつっかれたら、くさい角をニョキッと出して追いはらいます。

③ さなぎで冬を<u>こ</u>すときは、見つかりにくいようにかれ葉ににた茶色になります。まるでにんじゃですね。

④ このようにして、アゲハチョウは身を守っています。

(1) この文章は、何について書かれていますか。

（　　　　　　　　　　　）

(2) ⑦の文章を短くまとめます。（　）にあてはまる言葉を書きましょう。

アゲハチョウが身を（　　　　　　　）ためのひみつ。

(3) ⑦の文章を短くまとめます。（　）にあてはまる言葉を書きましょう。

（　　　　　　　　　　）で冬をこすときは、（　　　　　　　）になる。

2

次の『節分の豆まき』を読んで、後の問いに答えましょう。

① 冬から春をむかえるころに、節分の日があります。なぜ節分の日に豆まきをするのでしょうか。

② 昔、京のみやこにおにが出て、村人たちをこまらせていました。そこで、神様のおつげの通りおにの目に豆をなげつけたところ、おにはにげていったのだそうです。

③ それから、豆にはふしぎな力があるとされ、おにを追いはらい、みんながけんこうで幸せにすごせるようにねがって、「節分」で豆をまくようになりました。

④ だから、「おには外、福は内」と声を出して豆をまくのです。

(1) この文章の問いは何ですか。

なぜ（　　　　　　　）の日に（　　　　　　　）をするのか。

(2) (1)はどのだん落に書かれていますか。番号を書きましょう。

（　　）番

(3) 豆まきにはどんな意味がありますか。二つ書きましょう。

・（　　　　　　　）を追いはらう。

・（　　　　　　　）で（　　　　　　　）にすごせるようにねがう。

だん落をまとめる　ワーク

文章を組み立てているまとまりをだん落といいます。

だん落の内ようを短くまとめるときは、くり返し出てくる言葉や題名にかんけいのある言葉など、大事な言葉を見つけましょう。

文章
だん落　だん落　だん落　だん落

〈れい〉『女王バチとはたらきバチ』

ミツバチは、数千びきから数万びきほどが集まって、すを作って生活しています。そして、女王バチを中心にそれぞれ決められた仕事をしながら共同生活をしています。

↓

ミツバチは女王バチを中心に共同生活をしています。

次の『クマと人間』を読んで、後の問いに答えましょう。

① 秋になると、クマが出やすくなります。さいきんでは町まで出てきて、大さわぎになっています。

② おくびょうなクマがどうして人間のそばまで出てくるのでしょうか。

③ それは、家や工場をたてるために森の木を切ったことで、クマのすむ場所がせまくなってきたのと、エサになるドングリなどが少なくなったことが理由だと言われています。

④ クマと人間がなかよく生活できる方ほうを見つけたいものです。

(1) 問いの文は①～④のどのだん落にありますか。番号を書きましょう。

（　）

(2) ③のだん落をまとめましょう。

クマが人間のそばまで出てくるのは、

（　　　　）の（　　　　）を切ってクマの（　　　　）がせまくなったことと、エサが（　　　　）なったことが理由だと言われています。

だん落をまとめる おさらい

名前　　　　　　月　日

次の『生まれかわるペットボトル』を読んで、後の問いに答えましょう。

① みなさんは、お茶やジュースを飲みおえた後の、空のペットボトルはどうしていますか。ごみには、「もえるごみ」や「もえないごみ」などいろいろありますが、ペットボトルは分けて集められます。では、集められたその後はどうなっているのでしょうか。

② ペットボトルは石油から作られるプラスチックのなかまです。もう一度とかしてかためれば、いろいろなせい品に形をかえることができます。

③ 集められたペットボトルは、まずラベルなど使えないものを取りのぞきます。次に細かくくだいて、ペレットとよばれる小さなかけらにします。このかけらがふたたび作られるせい品のもとになり、文ぼう具になったり、服やかさ、カーペットになったりします。

④ 今、地球上でプラスチックのごみが海をよごし、海にすむ動物のかんきょうをこわしています。

⑤ 集めたペットボトルを作りかえるのにはお金がかかるため、すべてのペットボトルをリサイクルしているわけではありません。これから研究が進んで、よりたくさんのペットボトルがリサイクルされていくことがきたいされています。

(1) この文章は何について書かれていますか。

空になった（　　　　　　）について

(2) 問いの文は①～⑤のどのだん落にありますか。番号を書きましょう。

（　　）

(3) ②のだん落には二つの文があります。それぞれの内ようを短くまとめましょう。

・ペットボトルは（　　　　　　）のなかまだ。

・もう一度いろいろな（　　　　　　）に形をかえることができる。

(4) ペットボトルはどんなせい品になっていますか。四つ書きましょう。

（　　　　）（　　　　）
（　　　　）（　　　　）

(5) ㋐の文を短くまとめましょう。

たくさんの（　　　　）が（　　　　）されていくとよい。

名前　　　　　　　　　　　月　　日

次の文章を読んで、後の問いに答えましょう。

ナマケモノは、南アメリカのアマゾン地いきなどにすむ動物です。ゆったりした動作がなまけているように見えることから、そのような名前になりました。

ナマケモノは、一日中ほとんど動きません。場所をかえることもほとんどなく、あたりを見回したり、エサである葉っぱを食べたりして一日をすごします。なぜそんなに動かないのでしょうか。

［ア］、エサである葉っぱはカロリーがひくいため、エネルギーにかえにくいからです。ナマケモノは体重が数キログラムしかなく、食べた葉っぱのえいようを体に取りこむのに一週間もかかります。そのため、使えるエネルギーが少なく、活発に動けません。

［イ］、木の上でじっとしていることがほとんどなのです。そのかわりに、軽い体をいかして、木登りが上手になりました。また、ほとんど動かないので、天てきであるワシや大がたのネコのなかまからねらわれにくいのです。

［ウ］、ナマケモノは、少ないエサで活動をほとんどしない「省エネ生活」をしているのです。自分にあったムダのない生活をしているだけなのに、ナマケモノという名前はかわいそうですね。

(1) ナマケモノは、ふだん何をして一日をすごしていますか。二つ書きましょう。

（　　　　　　　　　　）

（　　　　　　　　　　）

(2) ア～ウにあてはまる言葉を□からえらんで書きましょう。

ア（　　　）　　イ（　　　）

ウ（　　　）

┌─────────┐
つまり　それは　だから
└─────────┘

(3) ナマケモノが使えるエネルギーが少ないのはなぜですか。

葉っぱは（　　　　　　）がひくいため、（　　　　　　）にかえにくいから。

(4) ナマケモノがとくいなことは何ですか。

（　　　　　　）

(5) ナマケモノの省エネ生活について、（　　）にあてはまる言葉を書きましょう。

少ない（　　　）で（　　　）をほとんどしない、（　　　）のない生活。

もうどう犬になるまで

次の文章を読んで、後の問いに答えましょう。

　もうどう犬は、目の不自由な人が安全に歩くことができるようにサポートする犬です。もうどう犬になる犬は、さまざまなくん練を受けます。

　もうどう犬に向いているのは、すなおで落ち着きがあり、人なつっこい犬です。そのようなせいかくの親犬から生まれた子犬が、こうほにえらばれます。えらばれてから二か月ぐらいは、両親とともにすごします。

　次に、「パピーウォーカー」とよばれるボランティアのかい主に、一さいになるまでの間あずけられます。そのかい主といっしょに、雨や雪、電車や人ごみなど、さまざまなけいけんをします。

　一さいをすぎると、くん練センターにもどります。くん練をする人は、「シット（すわれ）」や「カム（来い）」などのしじを出し、できたら「グッド」とほめます。それらができるようになったら、人や物をよけて歩くことや、階だんがあれば止まって知らせることをおぼえます。安全に歩くために、くり返し練習します。

　くん練を終えて一人前になったもうどう犬は、十さい前後まで目の不自由な人のそばではたらきます。もうどう犬は、いっしょにくらす人にとって、体の一部であり、人生をともに歩むパートナーなのです。

（1）もうどう犬に向いている犬はどんな犬ですか。あてはまるものすべてに○をつけましょう。

ア（　　）すなお

イ（　　）落ち着きがない

ウ（　　）人なつっこい

エ（　　）どんなところでもこわがらずにどんどん進む

（2）Ⓐそのかい主について、くわしく書きましょう。

（　　　　　　　　）とよばれる

（　　　　　　　　）のかい主。

（3）くん練について、（　）にあてはまる言葉を　　からえらんで書きましょう。

まず（　　　）の（　　　）にしたがうくん練をし、その後（　　　）に歩くためのくん練をする。

安全　しじ　人間

（4）もうどう犬は、いっしょにくらす人にとってどんなそんざいですか。□にあてはまる言葉を書きましょう。

□□□□□□
人生をともに歩む

ミツバチのダンス

次の文章を読んで、後の問いに答えましょう。

春になるとミツバチたちは、花をもとめて、あちらこちらへとびまわります。

花のみつや花ふんは、ミツバチにとって大切な食りょうです。ミツバチは、目としょっ角をはたらかせて、みつが多く出る花を見つけます。

花に近づくと、まず口をのばしてみつをすいます。体についた花ふんは、丸めて花ふんだんごにし、後ろあしの毛につけてすに持ち帰ります。

すに帰ってきたミツバチは、みつはみつの小部屋に、花ふんだんごは花ふんの小部屋につめこみます。

それから、すの近くではげしく羽をふるわせて、円の形や8の字の形に動き回ります。

おしりをふりながら動き回るようすは、まるで「ミツバチのダンス」です。

花畑が近いときは円をえがき、遠いときは8の字をえがいて、なかまにきょりを知らせます。さらに、太陽の方向にあわせて体の向きをかえることで、花畑の方角もなかまに教えるのです。

こうしてミツバチたちは、みつのありかをなかまに教えます。そして、みつのにおいをおぼえこみ、みんなで花畑めざしてとんでいくのです。

▲8の字をえがくミツバチ

(1) ミツバチは何をはたらかせて花を見分けますか。二つ書きましょう。

（　　　　　）（　　　　　）

(2) 体についた花ふんを、どのようにして、すに持ち帰りますか。（　）にあてはまる言葉を書きましょう。

丸めて（　　　　　）にし、

（　　　　　）の（　　　　　）につける。

(3) ミツバチのダンスについて、□にあてはまる言葉を文中からさがして書きましょう。

□をえがく……花畑が

□□□をえがく……花畑が

(4) 次の文を読んで、正しいものには○、まちがっているものには×を書きましょう。

㋐（　）みつと花ふんだんごはべつの小部屋に分けてつめこまれる。

㋑（　）みつを見つけたミツバチは、うれしくてダンスをする。

㋒（　）ミツバチはみつのありかをなかまに教えるためにダンスをする。

パンジーのちえ

次の文章を読んで、後の問いに答えましょう。

春の花だんの主役、パンジー。赤、青、黄、むらさきと色あざやかにさきます。

パンジーには、なかまをふやすためのちえがいくつもあります。

一つ目のちえは、花の後ろの、つつのような部分にあります。ここにはみつがたくわえられています。みつはおくの方にあるため、深いところまで上手にみつをすえる虫だけがやってきます。その虫はハチ。

ハチには、同じしゅるいの花のみつを取りに行くせいしつがあります。ハチが何度もみつをすいにきてくれれば、そのたびに花ふんもべつのパンジーに運ばれるので、たくさんなかまをふやすことができるのです。

二つ目は、たねです。なかまをふやすために、たねが入ったさやを「パンッ」と開き、できるだけ遠くへはじきとばします。たねの表面にはアリがすきなあまいものがついています。アリはこのあまいものを目当てにたねをすに持ち帰ります。つまり、アリがたねをさらに遠くまで運んでくれるのです。

Ｂ、パンジーは、なかまをふやすために、さまざまなちえをはたらかせています。

(1) ——Ａ ここは何を指していますか。

（　　　　　　　　）

(2) なぜ(1)には、深いところまで上手にみつをすえる虫しかこないのですか。

（　　　　　　　　）

(3) 次の⑦〜⑨の文は、「花」か「たね」のどちらのちえですか。花のちえには「は」、たねのちえには「た」と（　）に書きましょう。

⑦ さやを「パンッ」と開く。（　）

⑦ 表面にアリのすきなあまいものがついている。（　）

⑨ つつのような部分がある。（　）

(4) Ｂにあてはまる言葉を次の⑦〜⑨からえらんで〇をつけましょう。

⑦（　）それにしても

⑦（　）このように

⑨（　）しかしながら

(5) パンジーは、何のためにちえをはたらかせていますか。

（　　　　　　　　）

次の文章を読んで、後の問いに答えましょう。

正月の食たくをいろどる、おせち。めでたい新年にぴったりのごちそうです。昔はひなまつりなど五つの節句すべてで作られるりょう理をおせちとよびましたが、今は正月をいわうりょう理をおせちとよびます。

おせちには、「福を重ねる」という意味から重箱が使われます。もともとは四だんが正式でしたが、さいきんでは三だん重ねにすることが多いようです。

おせちの中身は、ほぞんがきくものが中心です。これは、正月の三日間は「かまど②の神様」にも休んでいただくためです。海や山の幸③をたくさん入れて、自ぜんからのおくりものに感しゃします。

おせちの中身一つ一つにも、それぞれ意味があります。

「一の重」の黒豆には、まじめにはたらけるようにという意味があります。「二の重」のエビには、ひげが長くのび、こしが曲まがるほど長生きできるようにといういうねがいがこめられ、「三の重」のレンコンはあながあいているので、しょう来の見通しがよいとされています。

このようにおせちは、家族ぞくみんなの幸せしあわせをいのる、大切なりょう理なのです。

(1) 次の言葉の意味を □ の⑦～⑨からえらんで記号で書きましょう。

① いろどる （　）（　）（　）

② かまど

③ 幸

```
⑦ 自ぜんでとれた食ざい。
イ 木をもやして、にたりやいたりするところ。
ウ いろいろそろえてきれいにかざること。
```

(2) おせちにほぞんがきくものがたくさん入っているのはなぜですか。

（　　　　　　　　　　）

(3) 文章の内ようとあうものに○をつけましょう。

⑦（　）おせちの黒豆には、はたらかなくてもゆたかにくらせるようにという意味がある。

イ（　）おせちは、家族みんなの幸せをいのる大切なりょう理である。

ウ（　）おせちは、もともと三だんが正式だったが、さいきんでは四だんのものが多い。

カレーライス

月 日

次の文章を読んで、後の問いに答えましょう。

きゅう食の人気メニューといえば、カレーライス。お肉に、ジャガイモやニンジンがゴロゴロ、とろりとした食感。さい高ですね。日本人が大すきなカレーライスは、どのようにしてできたのでしょうか。

カレーのふるさととはインドと言われていますが、日本のそれとはちがいます。具はカレーのふるさととはインドと言われていますが、日本のそれとはちがいます。具は野さいや肉のほか、チーズ、魚、ヨーグルトなども入れます。そして、たくさんのスパイスで味つけします。サラサラした食感で、それをごはんやナンといっしょに食べます。

日本で食べられるようになったのは、およそ百五十年前。イギリスからつたわりました。おいしくてえいようもあるカレーは、はじめはぐんたいで食べられていました。一度にたくさん作ることができ、食きも少なく後かたづけが楽だったからです。

このカレーには小麦こが使われていて、インドのものとちがい、とろみがありました。これが日本のねばりけのあるごはんにもよくあいました。

その後日本では、べんりな固形のルーやレトルトカレーなどが発明され、より多くの人にあいされるようになりました。外国から入ってきたものにくふうをくわえ、発てんさせていったのが日本のカレーライスなのです。

(1) この文章の問いの文をさがして書きましょう。
（　　　　　　　　）

(2) カレーのふるさとはどこだと言われていますか。
（　　　　　）

(3) (2)の国のカレーのとくちょうを三つ書きましょう。
・チーズや魚などの（　　　）も入れること。
・（　　　）で味つけすること。
・（　　　）した食感。

(4) なぜカレーは、ぐんたいで食べられていたのですか。
おいしくて（　　　）もあり、一度に（　　　）作ることができて、（　　　）が楽だから。

(5) カレーについて、日本で発明されたものを二つ書きましょう。
（　　　）（　　　）

45

名前 ＿＿＿＿＿＿＿＿＿　月　日

次の文章を読んで、後の問いに答えましょう。

　西宮市に、「越木岩神社」という古い神社があります。この神社には、「甑岩」という高さが十メートル、まわりが四十メートルほどもある大きな岩があります。古くから村人たちは、この岩を神様の宿る岩として大切にしてきました。

　Ａ　、今から四百年ほど前、その岩を切り出すことになりました。大阪城の石がきに使おうと、との様が切り出すように命れいしたのです。神様の宿る岩ですから、村人たちは何とかやめてもらうようおねがいしましたが、聞き入れてもらえませんでした。

　大ぜいのしょく人がやってきて、作業が始まりました。しばらくすると、岩が大きくふるえ始め、岩のあちらこちらからけむりがふき出しました。そのけむりをあびたしょく人たちは手足をふるわせて苦しみ、やがて岩から転がり落ちて、なくなってしまいました。

　これを見た人々は、「これは神様のたたり<u>Ａ</u>だ」とおそれ、岩を切り出すことをあきらめました。

　Ｂ　、岩を切り出すべきだった。

　今もその岩は、切り出されることなく、そのまま大切にのこされています。

※たたり……おきてをやぶって、神様などからばつを受けること。

(1) Ａについて、それまでの出来事をじゅん番に書きましょう。

① 大阪城の（　　　　）に使うために（　　　　）が岩を切り出すように命れいした。

② しょく人が作業を始めると、岩から（　　　　）がふき出した。

③ けむりをあびたしょく人たちは手足をふるわせて苦しみ、（　　　　）から転がり落ちてなくなった。

(2) Ａ、Ｂにあてはまる言葉を　からえらんで書きましょう。

Ａ（　　　　）　Ｂ（　　　　）

┌─────────┐
│ そして　ところが │
│ このように │
└─────────┘

(3) この話から、どんなことが言えますか。正しいものに〇をつけましょう。

⑦（　　）神様によくおねがいしてから岩を切るべきだった。

⑦（　　）お城のためでなく、村のために使うべきだった。

⑦（　　）神様は村人にとって大切だからいつまでもお守りすべきだ。

次の文章を読んで、後の問いに答えましょう。

　みなさんは虫歯になったことがあります
か。虫歯になるといたくてたまらず、歯医
者さんに行かなければなりません。では、
なぜ虫歯になるのでしょうか。

　人の口の中には虫歯きんというものがす
みついています。それが、食べたものから
歯をとかすものを作り出し、虫歯になるの
です。

　虫歯になりやすい食べ物といえば、おか
しやジュースなどのあまいものが思いうか
びます。しかし、パンやイモ・豆などのこ
く物も、虫歯になりやすい食べ物です。

　肉だけを食べるライオンやトラなどのネ
コのなかまは虫歯になりません。

　また、草や葉ばかり食べているウシやキ
リンなども同じです。野生の動物たちは虫
歯の原いんになるものを食べないので、虫
歯にならないのです。

　とはいえ、野生の動物のように肉や草だ
けを食べてくらすわけにもいきませんね。
食べた後はしっかり歯を
みがいて、虫歯をふせぎ
ましょう。

(1) この文章の問いの文に〰〰を引きましょ
う。

(2) なぜ人は虫歯になるのですか。（　）にあ
う言葉を［　］からえらんで書きましょう。

　　口の中には、（　　　　）が

　　いて、（　　　　　　）から

　　（　　　　　　　）を作り出すから。

┌─────────────────┐
│　食べたもの　　歯をとかすもの　　　│
│　虫歯きん　　　　　　　　　　　　│
└─────────────────┘

(3) ⑦には、どんなものがありますか。五つ
書きましょう。

（　　）（　　）（　　）

（　　）（　　）

(4) ⑦とありますが、何が同じなのですか。

┌─┬─┬─┬─┐
│ │ │ │ │に
└─┴─┴─┴─┘

┌─┐
│ │こと。
└─┘

(5) 虫歯をふせぐために、何をしたらいいと
書かれていますか。

えい語？日本語？

次の文章を読んで、後の問いに答えましょう。

ある人がアメリカ旅行中、お店のメニューを見て、「コーラ＆フライドポテト！」と注文しました。ところが、店員さんは、首をかしげてこまっています。アメリカの定番メニューのはずなのに、なぜでしょう。

それは、これらの言葉は発音がむずかしかったり、わかりにくかったりしたため、日本に入ってきたときに日本風のえい語にかえられたものだからです。

アメリカでは、コーラは「コーク」、フライドポテトは「フレンチフライズ」といいます。ちなみにイギリスでは、フライドポテトは「チップス」。日本では「チップス」といえばおかしが頭にうかびますね。

ほかにも、会社のせい品の名前がそのまま使われている場合もあります。有名なのが「ホチキス」や「セロテープ」。アメリカでは「ホチキス」は「ステープラー」、「セロテープ」は「スコッチテープ」とよばれます。

また、えい語では長いので、意味をそのままに短くした言葉もあります。エアコンやリモコンなどがそれにあたります。

日本人は、外国のものを取り入れて、日本風にするのがとく意です。えい語も自分たちの生活にあうようにかえてきたのですね。

(1) 店員さんに注文がつたわらなかったのはなぜですか。正しいものに○をつけましょう。

㋐（　　）発音が悪くて聞き取れなかったから。

㋑（　　）アメリカでは「コーラ」や「フライドポテト」はちがう名前でよばれているから。

㋒（　　）コーラもフライドポテトもお店になかったから。

(2) ホチキスやセロテープは、どんな場合をせつ明するためのれいとしてあげられていますか。

（　　　　　　　　　　　　）場合。

(3) 次のよび名は、「日本」、「アメリカ」のどちらの国のものですか。

① スコッチテープ（　　）
② エアコン（　　）
③ ステープラー（　　）

(4) 日本人はどんなことがとく意だと書かれていますか。

（　　　　　　　　　　　　）

次の文章を読んで、後の問いに答えましょう。

① テッポウウオという魚を知っていますか。あたたかい海のあさせや川の出口をこのみ、日本では沖縄県の西表島に生息しています。

② その魚は名前の通り、えだや木の葉にとまった虫を、まるで水でっぽうをうつように水面にうち落とします。水をとばすしくみは、上あごにあるみぞとえらぶた、そして上あごより少しつき出た下あごにあります。

③ 水をとばすしくみは、上あごにあるみぞとえらぶた、そして上あごより少しつき出た下あごにあります。

④ 下あごがつき出ていることで口の中に水の通り道ができます。そして、みぞをうまく使い、えらぶたを強くとじることで、のどにたくわえた水を通り道からいきおいよくとばすのです。それほど大きくない魚ですが、一・五メートルもとばすことができます。

⑤ エサとりショーをしている水族館もあります。係の人が水面上のえだや葉にエサをおくと、それをねらって、いっせいに水をとばします。

⑥ ⬛B⬛、近くにいる虫には、水中からいきおいよくとびだして食いつくこともあります。そのほか、水中でエビや小魚をつかまえて食べることもあります。

▲え物に向けて水をとばすテッポウウオ

(1) テッポウウオがなぜそのような名前になったのかをせつ明しているだん落の番号を書きましょう。

（　　）

(2) (1)のだん落を短くまとめます。（　）にあう言葉を書きましょう。

（　　）は、（　　）をうつようにうち落とす。

(3) ⟨A⟩それは何を指していますか。

▢

(4) ⬛B⬛にあてはまる言葉をえらんで〇をつけましょう。

㋐（　　）なぜなら
㋑（　　）そのため
㋒（　　）また

(5) 「まるで」を使って、短い文を作りましょう。

（　　　　　　　）

自ぜんにとけこむこん虫たち

次の文章を読んで、後の問いに答えましょう。

① こん虫の体の色や形は、すむ場所の色やもようとよくにています。それはなぜでしょうか。

② ［ア］、緑の草むらにすむこん虫の体の色は緑色、川原にすむこん虫は、まわりの石や土によくにた色をしています。中には、その場その場で体の色をかえられるものもいます。

③ こん虫の多くは、自分より強いこん虫や動物につねにねらわれています。中でも、空からおそってくる鳥は一番の天てきです。見つかってしまえば、勝ち目はありません。

④ ［イ］、少しでもてきに気づかれないようにするひつようがあります。こん虫は、まわりのようすにあわせることで身を守っているのです。

⑤ ［ウ］、虫たちもまた、鳥たちと同じように、自分より小さい虫を食べて生きています。カマキリのなかまは、まわりの色やもようように身をかくして、エサをつかまえやすくしています。

⑥ つかまらないためにかくれたり、つかまえるためにかくれたり、①どちらも生きぬくための方ほうなのです。

---

(1) 筆者は、どんなことを問いかけていますか。（　）にあう言葉を書きましょう。

　こん虫の体の（　　）や（　　）は、なぜ（　　）の色やもとにているのか。

(2) 次の場所にすむこん虫は、どんな色をしていますか。

① 草むら（　　　　　）

② 川原（　　　　　）

(3) ア～ウにあてはまる言葉を　　からえらんで書きましょう。

ア（　　）　イ（　　）

ウ（　　）

> しかし　だから　たとえば

(4)
① （1）の問いかけの答えを、二つに分けて書きましょう。

①（　　　　　　　　　）するため。

② エサを（　　　　　　　　　）に気づかれないようにするため。

(5) ④は、(4)の①、②のどちらを表していますか。

（　　）

二ひきのかえる

月　　日

● 次の文章を読んで、後の問いに答えましょう。

そしてそれから、春がめぐってきました。

土の中にねむっていたかえるたちは、せなかの上の土があたたかくなってきたのでわかりました。

さいしょに、緑のかえるが目をさましました。土の上に出てみました。まだほかのかえるは出ていません。

「おいおい、おきたまえ。もう春だぞ。」

すると、黄色のかえるが、

「やれやれ、春になったか。」

と言って、土から出てきました。

「去年のけんか、わすれたか。」

と緑のかえるが言いました。

「待て待て。体の土をあらいおとしてからにしようぜ。」

と黄色のかえるが言いました。

二ひきのかえるは、体からどろ土をおとすために池の方に行きました。

池には、新しくわき出てラムネのようにすがすがしい水がいっぱいにたたえられてありました。その中へかえるたちは、とんとんとんとびこみました。

んとぶんととびこみました。

※たたえられて……水などがあふれるほど中にあること。

（新美　南吉　青空文庫より）

（1）Ⓐとありますが、何がわかったのですか。

（　　　　　　　）

（2）Ⓑについて答えましょう。

① だれのようすについて書かれていますか。

（　　　　　　　）

② Ⓑのようすとして、正しい方に○をつけましょう。

㋐（　）もう春になったのか、とのそのそはい出してきた。

㋑（　）よし、けんかのつづきを始めるぞ、と急いで出てきた。

（3）池の水のようすがわかる文を、文中からさがして〜〜を引きましょう。

（4）「すがすがしい」を使って短い文を作りましょう。

（　　　　　　　）

名前

月　日

次の文章を読んで、後の問いに答えましょう。

一本の木と、一羽の小鳥とはたいへんなかよしでした。小鳥は一日、その木のえだで歌を歌い、木は一日中、小鳥の歌をきいていました。

けれど、寒い冬が近づいてきたので、小鳥は木からわかれていかねばなりません。

「さようなら。また来年きて、歌をきかせてください。」

と木は言いました。

「ええ。それまで待っててね。」

と言って、小鳥は南の方へとんでいきました。

春がめぐってきました。野や森から、雪がきえていきました。

小鳥は、なかよしの去年の木のところへまた帰っていきました。

ところが、これはどうしたことでしょう。木はそこにありませんでした。根っこだけがのこっていました。

「ここに立ってた木は、どこへ行ったの。」

と小鳥は根っこに聞きました。

「きこりがおのでうちたおして、谷の方へ持っていっちゃったよ。」

小鳥は谷の方へとんでいきました。

（新美　南吉　青空文庫より）

(1) 木と小鳥は、どんなことをしてすごしていましたか。文中からさがして、〜〜を引きましょう。

(2) 木と小鳥は、なぜわかれなければならなかったのですか。

（　　　　　　　　）

(3) 木とわかれた小鳥は、どこへとんでいきましたか。

（　　　　　　　　）

(4) 春になったようすがよくわかる文を、文中からさがして書きましょう。

（　　　　　　　　）

(5) ⓐとありますが、木はなぜなかったのですか。

（　　　　　　　　）

(6) (5)はだれから聞きましたか。

（　　　　　　　　）

名前　　　　　　　月　　日

次の文章を読んで、後の問いに答えましょう。

谷のそこには大きな工場があって、木を切る音が、ビィンビィンとしていました。

小鳥は工場の門の上にとまって、

「門さん、わたしのなかよしの木は、どうなったか知りませんか。」

と聞きました。門は、

「木なら、工場で細かくきざまれて、マッチになってあっちの村へ売られていったよ。」

と言いました。

小鳥は村の方へとんでいきました。ランプのそばに女の子がいました。そこで小鳥は、

「もしもし、マッチをごぞんじありませんか。」

と聞きました。

すると女の子は、

「マッチはもえてしまいました。けれど、マッチのともした火が、まだこのランプにともっています。」

と言いました。

小鳥は、ランプの火をじっと見つめておりました。

それから、去年の歌を歌って火に聞かせてやりました。火はゆらゆらとゆらめいて、心からよろこんでいるように見えました。小鳥はまたじっとランプの火を見ていました。それから、どこかへとんでいってしまいました。

（新美　南吉　青空文庫より）

(1) ⑦は、どのようにすがたをかえていきましたか。（　）にあう言葉を書きましょう。

① 谷の工場に運ばれた。

　　　　　↓

② 細かくきざまれて、（　　　）になった。

　　　　　↓

③ 村でランプをともす（　　　）になった。

(2) (1)の③は、だれから聞きましたか。

　（　　　　　　）

(3) ①とありますが、小鳥には火が何のように見えたと思いますか。文中の言葉で書きましょう。

な

の　☐

(4) ⑦の小鳥に言ってあげたいことを考えて書きましょう。

（　　　　　　　　　　　　　）

名前　　　　　　　　　　　月　　　日

次の文章を読んで、後の問いに答えましょう。

おじいさんとおばあさんは、神社で人魚のすて子の女の子を見つけ、大事に育てました。

むすめは大きくなりましたけれど、すがたがかわっているので、はずかしがって顔を出しませんでした。

けれど、一目そのむすめを見た人は、その美しさに、みんなびっくりしました。だから、中にはどうにかしてそのむすめを見ようと思って、ろうそくを買いに来た者もありました。

おじいさんやおばあさんは、

「うちのむすめは、内気ではずかしがりやだから、人様の前に出ないのです。」

と言っていました。

おくの間でおじいさんは、せっせとろうそくを作っていました。むすめは自分の思いつきで、きっと絵をかいたら、みんながよろこんでろうそくを買うだろうと思いました。そして、そのことをおじいさんに話しますと、そんならお前のすきな絵をためしにかいてみるがいい、と答えました。

むすめは、赤い絵の具で、白いろうそくに魚や貝や、また海草のようなものを、だれにも習ったのではないが上手にえがきました。おじいさんはそれを見るとびっくりしました。だれでも、その絵を見ると、ろうそくがほしくなるような、その絵には、ふしぎな力と美しさがこもっていたのであります。

※内気……おとなしくひかえめであること。

（小川　未明　青空文庫より）

（1）大きくなったむすめを、どうにかして見たいと思う者がいたのはなぜですか。

（　　　　　）するような（　　　　　）のむすめだったから。

（2）おじいさんとおばあさんは、むすめが人前に出ない理由を何と言っていましたか。

（　　　　　）で（　　　　　）だから。

（3）（2）の本当の理由は何でしたか。正しいものに○をつけましょう。

ア（　　　）むすめのすがたがかわっているから。

イ（　　　）ろうそく作りでいそがしいから。

ウ（　　　）ろうそくの絵をかくのに集中してほしいから。

（4）

①Ⓐについて答えましょう。

「それ」とは何を指していますか。

（　　　　　）が白い（　　　　　）にかいた（　　　　　）。

②なぜびっくりしたのですか。

（　　　　　　　　　　　　　　　）

名前

月　日

次の文章を読んで、後の問いに答えましょう。

　昔、彦一というとてもかしこい子どもがいました。

　ある日、おとの様から、こんな知らせ
<u>Ⓐ</u>がとどきました。

《今度たんじょういわいをするから、きっかり八人で来るように。》

　みんなよろこびましたが、彦一だけは、

「八人きっかり」とはあやしいぞ、何かたくらんでいるな、と思いました。

　おしろに着いて中に入ると、おとの様が言いました。

「よく来てくれた。うれしいぞ。さて、彦一に問題を出す。彦一はならんだ八人のちょうど真ん中にすわるようにいたせ。それができなければ、すぐに帰るがよい。」

　五人や七人なら、左右どちらから数えても真ん中ができますが、八人だとそうはいきません。みんな心配そうに見守りましたが、彦一はにっこりわらって言いました。

「わかりました。みんな、わたしをかこむようにまるくすわってください。」

　これなら、七人でも八人でもちゃんと真ん中ができます。おとの様は、

「うむ、あっぱれじゃ！」

と言って、彦一たちにごちそうをたっぷり出しました。

(1) Ⓐは、どんな内ようでしたか。

（　　　　　　　　　　）

(2) (1)は、だれからの知らせでしたか。

（　　　　　　　　　　）

(3) (1)の知らせをもらった彦一は、どのように思いましたか。正しいものに〇をつけましょう。

㋐（　）八人も行けてうれしいな。

㋑（　）何かあやしいな。

㋒（　）ごちそうが楽しみだな。

(4) 彦一が考えた方ほうを、図で表します。「みんな」は〇、「彦一」は●として、左の□に図をかきましょう。

手ぶくろを買いに ①

次の文章を読んで、後の問いに答えましょう。

寒い冬が北方から、きつねの親子のすんでいる森へもやってきました。

ある朝、ほらあなから子どものきつねが出ようとしましたが、

「あっ。」

とさけんで、目をおさえながら母さんぎつねのところへころげてきました。

「母ちゃん、目に何かささった。ぬいてちょうだい、早く、早く。」

と言いました。

母さんぎつねがびっくりして、あわてふためきながら、目をおさえている子どもの手を、おそるおそる取りのけてみましたが、何もささってはいませんでした。母さんぎつねは、ほらあなの入口から外へ出て、はじめてわけがわかりました。昨夜のうちに、真っ白な雪がどっさりふったのです。その雪の上からお日様がキラキラとてらしていたので、雪はまぶしいほど反しゃしていたのです。雪を知らなかった子どものきつねは、あまりに強い反しゃを受けたので、目に何かささったと思ったのでした。

※反しゃ……太陽の光がはね返ること。

（新美　南吉　青空文庫より）

(1) きつねの親子はどこにすんでいますか。

（　　　　）の（　　　　）の中

(2) ⓐについて答えましょう。

① さけんだのはだれですか。

（　　　　　　　　）

② なぜさけんだのですか。

目に何か（　　　　　　　　）と思った

から。

(3) ほらあなの外はどんなようすでしたか。

どっさりとつもった（　　　　）の上から

（　　　　）がキラキラとてらしていた。

(4) ⓑとにた意味の言葉をⓐ～ⓒからえらんで○をつけましょう。

ア（　　　）　ばたばたと

イ（　　　）　こわごわと

ウ（　　　）　てきぱきと

(5) ⓒとありますが、何がわかったのですか。

子どものきつねが、（　　　　　　）の

（　　　　　　）を受けたこと。

次の文章を読んで、後の問いに答えましょう。

子ぎつねは教えられたとおり、トントンと戸をたたきました。

「こんばんは。」

すると、中では何かコトコト音がしていましたが、やがて、戸が一すんほどゴロリと開いて、光のおびが道の白い雪の上に長くのびました。

子ぎつねはその光がまばゆかったので、面くらって、まちがった方の手を、――お母さんが出しちゃいけないと言ってよく聞かせた方の手をすき間からさしこんでしまいました。

「このおててにちょうどいい手ぶくろください。」

するとぼうし屋さんは、おやおやと思いました。きつねの手です。きつねの手が手ぶくろをくれと言うのです。これはきっと木の葉で買いに来たんだなと思いました。

そこで、

「先にお金をください。」

と言いました。子ぎつねはすなおに、にぎってきた白どうかを二つぼうし屋さんにわたしました。ぼうし屋さんはそれを人さし指の先にのっけて、かち合わせてみると、チンチンとよい音がしましたので、これは □D□ じゃない、ほんとのお金だと思いましたので、たなから子ども用の毛糸の手ぶくろを取り出してきて、子ぎつねの手に持たせてやりました。

（新美　南吉　青空文庫より）

※1　一すん……およそ三センチメートル。
※2　白どうか……お金。

（1）Ⓐのようすとして、正しい方に〇をつけましょう。

㋐（　）戸が少し開いたので、お店の光が長くのびた。

㋑（　）店の光で子ぎつねのすがたが長くのびて、雪にうつし出された。

（2）Ⓑについて答えましょう。

① なぜまちがった方の手を出してしまったのですか。
（　　　　　）

② だれから出してはいけないと聞かされていましたか。
（　　　　　）

（3）Ⓒについて答えましょう。

① 思ったのはだれですか。
（　　　　　）

② なぜⒸと思ったのですか。
（　　　　）が（　　　　）を出して（　　　　）がほしいと言ったから。

（4）Ⓓにあてはまる言葉を、文中からさがして書きましょう。

次の文章を読んで、後の問いに答えましょう。

名前 　　　　　　　　月　　　日

とうげの上に、大きなさくらの木がありました。春になると花がさいて、遠くから見るとかすみのかかったようです。その下に小さな茶屋があって、人のいいおばあさんが、ひとり店先にすわって、わらじや※1おかしや、みかんなどを売っていました。

〈中略〉

ところが、自動車がこんどあちらの村まで通ることになって、道が広がるのでありました。それで、さくらの木を切ろうという話が起こったのです。それに反対したのは、もとよりおばあさんでした。つぎには、この茶屋に休んで、花をながめたり、すずんだりした村の人たちです。それから、賢吉や、とし子や、正二などの子どもたちでした。

「あのさくらの木を切ってはかわいそうだ。春になっても花が見られないし、夏になってもセミがとれないものなあ!」

と、たがいに話し合いました。子どもたち※2の不平が耳に入ると、親たちも、いつか切るのに反対しました。

Ⓐ　　　　　　、村の人びとがさくらの木を道のそばへうつすことになったのです。おおぜいの力ですると、どんなことでもできるものです。大きなさくらの木は、じゃまにならぬところへうつされて、おばあさんの茶店は、やはりその木の下にたてられました。

（小川 未明　青空文庫より）

※1　わらじ……わらで作ったはきもの。
※2　不平……なっとくできず、ふまんであること。

(1) とうげの上のさくらの木は、春になるとどんなようすになりますか。
　　　　　　　　　　　　　　　　　

(2) なぜさくらの木を切ろうという話が起こったのですか。
（　　　　　　　）が通るために、道を広げることになったから。

(3) さくらの木を切ることに反対したのはだれですか。出ているじゅんに書きましょう。
① （　　　　　　　）
② 茶屋で休んでいた（　　　　　）、（　　　　　）
③ （　　　）、（　　　）などの子どもたち
④ 子どもたちの（　　　　）たち

(4) 子どもたちの不平とは、どんなことですか。文中からさがして～～～を引きましょう。

(5) Ⓑにあてはまる言葉をⓐ～ⓒからえらんで○をつけましょう。
ⓐ （　　　）しかし
ⓑ （　　　）なぜなら
ⓒ （　　　）それで

子どものすきな神さま

名前　　　　　　　　　　月　　日

次の文章を読んで、後の問いに答えましょう。

子どものすきな小さい神さまがありました。いつもは森の中で、歌をうたったり笛をふいたりして、小鳥やけものと遊んでいましたが、ときどき人の住んでいる村へ出てきて、すきな子どもたちと遊ぶのでした。

ア、この神さまは、いちどもすがたを見せたことがないので、子どもたちにはちっともわかりませんでした。

雪がどっさりふった次の朝、子どもたちは真っ白な野っぱらで遊んでいました。

イ　一人の子どもが、

「雪の上に顔をうつそうよ。」

と言いました。

そこで十三人の子どもたちは、こしをかがめてまるい顔を真っ白な雪におしあててました。そうすると、子どもたちのまるい顔は、一列にならんで雪の上にうつったのでした。

「一、二、三、四、……」

と、一人の子どもが顔のあとを数えてみました。

どうしたことでしょう。十四ありました。子どもは十三人しかいないのに、顔のあとが十四あるわけがありません。

きっと、いつもの見えない　B　が、子どもたちのそばに来ているのです。

（新美　南吉　青空文庫より）

（1）神さまはときどき、村へ出てきて何をしていましたか。

（　　　　　　　　）

（2）ア、イにあてはまる言葉を　　からえらんで書きましょう。

ア（　　　　　）イ（　　　　　）

┌─────────┐
│ すると　けれど　たとえば │
└─────────┘

（3）野っぱらで遊んでいた子どもたちは、どんなことをしましたか。

顔の（　　　）に（　　　）をうつした。

（4）Aとありますが、どんなことがふしぎだったのですか。（　　）にあてはまる数を書きましょう。

子どもたちは（　　　）人なのに、顔のあとは（　　　）あったこと。

（5）Bにあてはまる言葉を書きましょう。

┌──┬──┐
│　│　│
└──┴──┘

名前 ( )　月　日

次の文章を読んで、後の問いに答えましょう。

むかしむかし、大きなおやしきにお金持ちのねずみのふうふが住んでおりました。

ふうふには子どもがいませんでした。神様におねがいして、やっと女の子が生まれました。

㋐その子はせい長して、とても美しいむすめになりました。ふうふは、へうちのむすめは日本一なのだから、おむこさんも日本一でなくては。〉と思いました。

そこで、この世の中で一番えらいのは、いつも世界中を明るくてらすお日様だと考え、たのみに行くことにしました。

「お日様、あなたはこの世で一番えらいお方です。わたしのむすめとけっこんしてください。」

するとお日様は、にっこりして言いました。

「ありがたいが、わたしよりもっとえらいものがいるよ。」

「それはどなたですか？」

「それは □ さ。わたしがいくら空でみんなをてらしても、 □ が出てくるとかくれてしまうからね。」

「なるほど。」

ふうふは、今度は □ のところへ行きました。

(1) ㋐その子は、ふうふにとってどんなむすめでしたか。二つに分けて書きましょう。

・( )におねがいして、やっと生まれた。

・とても( )のむすめ。

(2) ねずみのふうふは、何をさがしていましたか。

むすめの □□□□□

(3) ねずみのふうふは、(2)をさがすために、まずだれのところへ行きましたか。

( )

(4) なぜ(3)のところへ行ったのですか。

( )

(5) 文中の □ には、同じ言葉が入ります。考えて書きましょう。

( )

わらしべ長者

次の文章を読んで、後の問いに答えましょう。

あらすじ

男はわらしべ（わらのくず）を手にして旅に出た。そして行く先々でこまっている人たちに「交かんしてくれ」と言われ、わらしべがみかんとなり、みかんがぬのとなり、ぬのが馬となり……と次々に交かんしてきた。

びんぼうで運もない男が、何とかしたいと観音様におねがいしました。すると、「ここを出て、はじめに手にふれたものを大事に持っておきなさい」というおつげを受けた。

馬に乗って出かけると、そばの家で何やら旅のじゅんびをしているのが見えました。男は、〈旅に出るなら馬がひつようだろう。わたしもこのまま乗っていて、ぬすんだ馬だと思われたらたいへんだ。ここらで売って行こう〉と思いました。

「もしもしすみません、安くしますから、この馬を買ってください。」

ア、家の人たちは、馬を気に入り、「なんと上等な馬だ。でも、お金はないから、田んぼとお米と取りかえっこしましょう。当分遠くに行ってくらすので、この家もえんりょなく使ってください。」

と言って、家まであずけて旅立ちました。

そうして、びんぼうだった男は、家も田も食りょうも手に入れました。そのうちに半分の田は人にかし、のこりは自分で米作りをしました。米はとてもよく実り、大金持ちになりました。

イ、すてきなおよめさんをもらい、子やまごにめぐまれ、幸せな一生を送りました。

ウ、一本のわらがたくさんの福運をかきよせてくれたのでありました。

---

(1) 何と何を交かんしましたか。あげたものを、それぞれ書きましょう。

① 男　　（　　）→（　　）→（　　）

② 家の人　（　　）→（　　）→（　　）

(2) 男は、田をどのように使いましたか。

（　　　　　　　　　　　　　　）

(3) ア〜ウにあてはまる言葉を　からえらんで書きましょう。

　　　　そして　　すると　　こうして

ア（　　　）　イ（　　　）

ウ（　　　）

(4) Ａについて、（　）にあてはまる言葉を　からえらんで書きましょう。

一本の（　　）から始まり、道行く人と（　　）していくと、さいごには（　　）をもらって（　　）もできた。

　　　　交かん　　およめさん
　　　　子やまご　　わらしべ

名前 　　　　　月　　日

次の文章を読んで、後の問いに答えましょう。

　ある秋のことです。どんちのはたらく吉四六さんが、るす番をすることになりました。出かける前にお父さんが言いました。

「吉四六や、かきがもう食べごろだ。明日とるから、気をつけて見ておくれ。」

「はい。ちゃんと見ておきます。」

　吉四六さんは、元気に返事をしました。

⑦　、おいしそうなかきがあるのに、だまって見ている吉四六さんではありません。近所の友だちに「食べにおいで」と言い回り、みんなで食べてしまったので、かきはほとんどなくなってしまいました。

　さて、お父さんが帰ってくると、吉四六さんはかきの木の下にすわっていました。

「お前、一日中そうやって見ていたのか？」

「はい。気をつけてかきの木を見ていました。」

「そうか。えらいぞ。」

　Ⓐ感心したお父さんがかきの木を見上げると、かきの実はほとんどありません。

「これは、どうしたことだ。」

　⑦　、吉四六さんは、Ⓑ平気な顔で言いました。

「はい、村の子どもたちが次々と来て、かきの実をもいでいきました。わたしが気をつけて見ていたからまちがいありません。」

※どんち……そのときそのときではたらくちえのこと。

(1) ⑦、⑦にあてはまる言葉を　からえらんで書きましょう。

⑦（　　　）⑦（　　　）

┌─────────┐
だから　すると
　　しかし
└─────────┘

(2) かきはなぜほとんどなくなってしまったのですか。

吉四六さんが（　　　　　　　　　）を集めて、みんなで（　　　　　　　　　）から。

(3) お父さんがⒶと言ったのはなぜですか。正しいものに○をつけましょう。

⑦（　　）しっかりるす番をしていたのだなと思ったから。

⑦（　　）近所の子どもたちにかきの実を食べさせてあげて、やさしいなと思ったから。

⑦（　　）かきの実を食べた子どもたちにきちんと注意したと思ったから。

(4) Ⓑから、吉四六さんのどんなようすがわかりますか。正しいものに○をつけましょう。

⑦（　　）あせっているようす

⑦（　　）どうどうとしているようす

⑦（　　）ほっとしているようす

つぼ算用

名前　　　　　月　　日

次の文章を読んで、後の問いに答えましょう。

昔、吉四六さんがうめぼし用のつぼと水がめをせと物屋に買いに行ったそうな。

「ごめんください。つぼを一つおくれ。」

「へいへい、ご自由に見てくださいな。」

店先のつぼはというと、みんな底を上にしてならべてある。

「どれもこれも口が開いていない。これじゃうめぼし一つも入れられない。」

そして、ひっくり返してみて、またおどろいた。

「こりゃ、口がないばかりか底がぬけているぞ。こんなの、使えやしない。」

つぼをあきらめて水がめを見ると、大きいのは二十文、小さいのは十文。十文の方を買って帰ったが、およめさんにもっと大きいのを買ってくるようにしかられた。

そうして、てくてく店にもどって店の人に小さな水がめをわたし、こう言った。

「前に十文あげたな。」

「へい。」

「今また十文の大きな水がめを返したから、この二十文の大きなつぼを返してくよ。」

「へい……？」

そして吉四六さんは、大きな水がめを持って、とことこ帰っていった。

「へい……まいど……あり？」

店の人は、その後ろすがたを見ながら、首をかしげていたそうな。

※1 せと物屋……つぼや食きなどのやき物を売っているお店。
※2 文……昔のお金のたんい。

(1) 吉四六さんは、何と何を買いに行きましたか。

（　　　　）と（　　　　）

(2) 吉四六さんはつぼを見て、どんなかんちがいをしましたか。

店のつぼは、（　　　　）が開いておらず、（　　　　）がぬけている。

(3) 店のつぼは、どのようにおいてありましたか。□に絵で表しましょう。

□

(4) ふたたび店に行った吉四六さんですが、もうけたのはどちらですか。○をつけましょう。

　㋐（　　　）吉四六さん
　㋑（　　　）店の人

(5) Ⓐの考えをせつ明しましょう。

本当は、あと（　　　）文はらわないといけないのに、返したつぼとあわせて（　　　）文はらったことにして、大きな（　　　）をもらっていった。

よくばりな犬

○ 次の文章を読んで、後の問いに答えましょう。

　ある日、大きな肉をくわえた犬が、きげんよさそうに橋をわたっていきました。

　この犬は力が強く、さっきもほかの犬から肉をうばい取ったばかりでした。

　橋の中ほどまでやって来たとき、橋の下に流れる川の水面に、肉をくわえた犬がいるのに気がつきました。

　そこで犬は、〈川の中にも自分と同じ肉をくわえた犬がいるぞ。　Ⓐ　、あの肉の方が大きくてうまそうだ。そうだ、あいつをおどかして、あの肉もうばってやろう。〉と思いました。

　切りいばった声で、

「ウウウッ、ワンワン！」

とほえたてました。

　Ⓑ　、川の中の犬に向かって、思いていた肉が、あっという間に川の中に落ちてしまいました。

　Ⓒ　、そのしゅん間、自分がくわえてしまいました。

　そして、大きな肉をくわえていると思った犬も、波といっしょにどこかへ消えていってしまいました。

「ああ、どうなったんだ、おれの肉は！」

　川の中の犬は、自分自身だったのです。

　犬はよくばったばかりに、持っていた肉もなくしてしまいました。

（1）Ⓐ〜Ⓒにあてはまる言葉を　　からえらんで書きましょう。

Ⓐ（　　　）　Ⓑ（　　　）

Ⓒ（　　　）

しかも　ところが　そして

（2）この犬はどんな犬ですか。正しい方に○をつけましょう。

　㋐（　　　）やさしくて、ほかの犬のことも思いやることができる。

　㋑（　　　）いばっていて、力でほかの犬をおさえつけようとする。

（3）Ⓓは、何をしたしゅん間のことですか。

　　　　　　　　　　　に向かって、

　　　　　　　　しゅん間。

（4）このお話からわかることとして、あてはまらないものに○をつけましょう。

　㋐（　　　）よくばるとかえってそんをする。

　㋑（　　　）ほかの人のものはよく見えるので、ほしいときはおねがいする。

　㋒（　　　）自分がえらいと思いこんで、いばったり人のものをうばおうとしたりしてはいけない。

主語・じゅつ語 チェック [P4]

①
(1) チーター
(2) 軽い
(3) 体のつくり

①
(1) まだ食べられる食べ物
(2) べんとうやおかず
(3) 買いだめしておいた食りょう

主語・じゅつ語 ワーク [P5]

①
① ゆめさんは 一りん車で 遊ぶ。
② かずきさんは 図かんで 調べる。
③ 真っ赤な 夕日が しずむ。
④ ぼくは サッカーの 練習を する。

②
① アリは とても 小さい。
② 父は 学校の 先生です。
③ 公園の 池には コイが たくさん いる。
④ 明日の きゅう食は カレーライスだ。

主語・じゅつ語 おさらい [P6]

①
(1) (主語) クモは　(じゅつ語) とらえます
(2) 中心から外に向けて出ている…たて糸
うずまきじょう……横糸
(3) ねばねばしたえき体
(4) 動けなくなる
(5) 体の表面やあしから油のようなものを出すことで、ねばねばしたえき体にくっつかないようになっているからです。

しゅうしょく語「何を」 チェック [P7]

①
(1) 鳴き声
(2) メス
(3) ライバルに負けない大きな声で鳴いて、子そんをのこせるようにするため。

②
(1) さまざまな味のラーメン店
(2) 中国にあっためんりょう理
(3) モチモチしたためん
(日本の文化である) だし
※ (3)はじゅん番がかわっても正かいです。

しゅうしょく語「何を」 ワーク [P8]

①
① タコはエビを食べる。
② プロ野球チームはゆうしょうを目指している。
③ ぼくはなみだを流す。
④ 魚りょう理はほねを強くする。

①
① 犬が えさを 食べる。
② アナウンサーが メモを 読む。
③ 鳥たちが 南の 山を 目指す。
④ わたしは 毎日 家で 音読を します。
⑤ ぼくは きのう おすしを おなかいっぱい 食べた。

しゅうしょく語「何を」 おさらい [P9]

①
(1) おぼん
(2) ご先ぞ様のたましい
(3) ・お寺に行く。
・みんなで食事をする。
・みんなでおしばいをみる。
(4) ハロウィーン
(5) かそうをする。／町中をねり歩く。／おかしをもらう。
(6) どちらもご先ぞ様をおむかえする行事です。

しゅうしょく語「いつ」「だれと」「どこで」「どんな」 チェック [P10]

①
(1) おすし
(2) おすしは　(じゅつ語) 食べ物です
(3) すっぱいもの

②
(1) 二人
(2) 大きな家の庭
(3) 遊んでいた

家のどこかのざしきで、ざわっざわっとほうきの音がした。

しゅうしょく語「いつ」「だれと」「どこで」「どんな」 ワーク [P11]

①
① 池には たくさんの メダカ が いる。
② お出かけで よそいきの ワンピース を 着る。
③ 野球の しあい で わくわくする。
④ おいしそうな ナスが たくさん とれた。

②
① ㋐きのう ㋑自転車で ㋒公園に
② ㋐五時間目 ㋑学校園に ㋒虫をさがしに (行った)
③ ㋐昼休みに ㋑みきさんたちと ㋒おにごっこを

〔右段〕

おさらい 〔P12〕
しゅうしょく語
「いつ」「だれと」「どこで」「どんな」

(1) 秋の木々や草花

(2) 田の上をひんやりとした秋風がふきわたり、いなほがサワサワとゆれている。

(3) はらはらとちる。

(4)（主語）山一面が　（じゅつ語）そまります　（しゅうしょく語）真っ赤に

(5) 秋晴れのすきとおった青空のとき。

チェック 〔P13〕
しゅうしょく語
「気持ち」や「ようす」を表す言葉

①
(1) わくわく
(2) ドキドキ
(3) そっと

②
(1) そっと
(2)・プルプルとふるえている。
　・「キューン」と鳴く。
(3) ザアーッ

ワーク 〔P14〕
しゅうしょく語
「気持ち」や「ようす」を表す言葉

①
① たくさんの
② 有名な
③ かわいい

②
① ゴーゴー
② ゆさゆさ
③ ふわふわの
④ ふだごの
⑤ あっという間に

③
① ぐっと
② ゆっくりと
③ とつぜん
④ そよそよ
⑤ サクラの花びらが、ひらひらとちる。

④
① おにぎりを見て、おなかがグウと鳴る。
② すずしくさわやかな風が入ってきた。
③ 秋の虫がにぎやかに鳴いている。

〔左段〕

おさらい 〔P15〕
しゅうしょく語
「気持ち」や「ようす」を表す言葉

(1) おならの音は、なぜ出るたびにちがうのか。

(2) プォーと大きな音で出たり、プスーと小さな音で出たりする。

(3) ほとんどは、口から飲みこんだ空気。

(4)（主語）おならは　（じゅつ語）出るそうだ

(5) よくかんで、ゆっくり食べる

> 「食べ方」を聞かれているね。

チェック 〔P16〕
文の組み立て

①
ア　グミは｜おかしです。
イ　名前は｜名づけられました。
ウ　グミは｜よいのです。

②
ア　おじいさんは → しばらくに → 行きました。
イ　少し → つかれた → おじいさんは → 切りかぶに → すわりました。
ウ　あなの中に → おむすびは → 落ちてしまいました。

ワーク 〔P17〕
文の組み立て

①
① 夏は｜暑い。
② たて物は｜図書館だ。
③ カメが｜いる。

②
① 大きな → 犬が → 野原を → かけまわる。
② 今 → 話題の → えいがに → ゆかさんは → 行く。

おさらい 〔P18〕
文の組み立て

(1)
① ゴーシュ
② たぬきの子が、セロのコマの下のところをぼうでたたくようす。

> やっと考えついたというように言ったのは、たぬきの子だね。

(2)
① しばらく肩を曲げて考えました
② ウ

(3)
① その糸は、どんなに手早くひいても、すこしたってから
② ウ
③ でないと音が出ないような気がゆうべからしていたから。

つなぎ言葉① おさらい 【P27】

⑴ ⑦ そして　⑦ だから
⑵ 皮まくをいっぱいに広げて、風に乗って、まるでグライダーのようにとぶ。
⑶ ・とぶときのかじとり
　・雨の日のかさの代わり
　・寒い日のふとんの代わり
⑷ 木の下にはてきがたくさんいるから。
⑸ ⑦

> 早朝とは、朝早い時間のことだよ。

つなぎ言葉② チェック 【P28】

⑴ ⑦ ところが　⑦ そこで
⑵ そのまま
⑶ カレーライスはねだんが高かったので、ごはんにソースをかけて食べるようになった。

つなぎ言葉② ワーク 【P29】

⑴ ① しかし　② そのうえ　③ つまり
⑵ ⑦ たとえば　⑦ そして　⑦ すると
⑶ ① まどを開けると、風が入ってきた。
　② おにごっこをしたから、おなかがすいた。
　③ 図書館で本をかりたが、まだ読んでいない。

つなぎ言葉② おさらい 【P30】

⑴ ヒトと同じように道具を使う、とてもかしこい動物。
⑵ ⑦ A　⑦ が　⑦ B　⑦ ので
⑶ ⑦ それから　⑦ 一方
⑷ チンパンジーの赤ちゃんは、ずっとだっこされているが、ヒトの赤ちゃんはベッドであお向けになってねている時間が長い。

一文を二文に分ける チェック 【P31】

⑴ 秋は空が青く高くすみわたります。
　月が大きく、はっきりと見えます。
　だから
⑵ おじょうちゃんの赤いリボン
　そして

一文を二文に分ける ワーク 【P32】

① 姉はとてもやさしい。
　だから、みんな姉のことが大すきだ。
② ぼくは消ぼうしになりたい。
　なぜなら、人の命をすくいたいからだ。
③ ゆいかさんはコンクールで金しょうをとるほど絵が上手だ。
　そのうえ、ドッジボールもクラスで一番強い。

一文を二文に分ける おさらい 【P33】

⑴ 三本の角をもつ、有名な植物食きょうりゅうです。
⑵ ① 角は
　② 角は、肉食きょうりゅうにおそわれたときのぶきになります。
⑶ 角とえりかざり
　それだけでなく、オスどうしのカくらべにも使われました。
※ ⑵の②の文のさいごは、「なる」や「なりました」でも正かいです。

一文をまとめる チェック 【P34】

⑴ みそは、さまざまなりょう理に使われます。
⑵ みそ玉にこうじきんをつけて、たるに入れてねかせる。

一文をまとめる ワーク 【P35】

⑴ （主語）わたしたちは　（じゅつ語）食べたくなります
　① ハンバーガー、たこやき
　② やきいも、そば、すし、天ぷら
※ ⑵①②③ではじゅん番がかわっても正かいです。
⑵ ① ぼくは　やき肉を　食べました。
　② 犬が　昼ねを　している。
　③ わたしは　ゆうきさんと　遊びました。

カレーライス〔P45〕

(1) 日本人が大すきなカレーライスは、どのようにしてできたのでしょうか。

(2) インド

(3) ・チーズや魚などの具も入れること。
・スパイスで味つけすること。

(4) ・サラサラした食感。
・おいしくてえいようもあり、一度にたくさん作ることができて、後かたづけが楽だから。

(5) 固形のルー、レトルトカレー

※ はじゅん番がかわっても正かいです。

甑岩のたたり〔P46〕

(1) 大阪城の石がきに使うために、との様が岩を切り出すように命れいした。

(2) しょく人が作業を始めると、岩からけむりがふき出した。

(3) けむりをあびたしょく人たちは手足をふるわせて苦しみ、岩から転がり落ちてなくなった。

(2) Ａ ところが　Ｂ そして

(3) ウ

どうして虫歯になるの?〔P47〕

(1) では、なぜ虫歯になるのでしょうか。

(2) 口の中には、虫歯きんがいて、食べたものから歯をとかすものを作り出すから。

(3) おかし、ジュース、パン、イモ、豆

(4) 虫歯にならないこと。

(5) 食べた後はしっかり歯をみがく。

※ ③はじゅん番がかわっても正かいです。

えい語?日本語?〔P48〕

(1) イ

(2) 会社のせい品の名前がそのまま使われている場合。

(3) ① アメリカ　② 日本　③ アメリカ

(4) 外国のものを取り入れて、日本風にすること。

※ 「セロテープ」は、ニチバンの登録商標です。

> 「どんなこと」と聞かれているから、「〜こと。」と答えているよ。

テッポウウオのエサとり〔P49〕

(1) テッポウウオは、虫を水でっぽうをうつようにうち落とす。

(2) ②

(3) ウ

(4) エサ

(5) 〈れい〉こんなごちそうを食べられるなんて、まるでゆめのようだ。

> 「まるで〜のようだ」というように、にているものをたとえるときに使うよ。

自ぜんにとけこむこん虫たち〔P50〕

(1) こん虫の体り色や形は、なぜすむ場所の色やもようとにているのか。

(2) ① 緑色　② まわりの石や土によくにた色

(3) ア たとえば　イ だから　ウ しかし

(4) ① てきに気づかれないようにするため。
② エサをつかまえ（やすくす）るため。

※ ①はじゅん番がかわっても正かいです。

> ①のだん落で、「それはなぜでしょうか。」と問いかけているね。

二ひきのかえる〔P51〕

(1) 春がめぐってきたこと。

(2) ① 黄色のかえる　② ア 緑色のかえる

(3) 池には、新しくわき出てラムネのようにすがすがしい水がいっぱいにたたえられてありました。

(4) 〈れい〉起きてすぐ朝日をあびると、すがすがしい気持ちになる。

> 「すがすがしい」は、さわやかで気持ちがいいという意味があるよ。

去年の木 ①〔P52〕

(1) 小鳥は一日、イの木のえだで歌を歌い、木は一日中、小鳥の歌をきいていました。

(2) 寒い冬が近づいてきたから。

(3) 南の方

(4) 野や森から、雪がきえていきました。

(5) きこりがおのでうちたおして、谷の方へ持っていってしまったから。

(6) 根っこ

> 理由を聞かれているから、「〜から。」と答えているよ。

去年の木 ② [P53]

(1) ① 谷の工場に運ばれた。
② 細かくきざまれて、マッチになった。
③ 村でランプをともす火になった。
(2) 女の子
(3) なかよしの木
(4) 〈れい〉去年の木が火になったね。
なかよしの木にまた会えてよかったね。

赤いろうそくと人魚 [P54]

(1) びっくりするような美しさのむすめだったから。
(2) 内気ではずかしがりやだから。
(3) ⑦ むすめが白いろうそくにかいた絵。
(4) ① だれでもろうそくがほしくなるような、ふしぎな力
と美しさがこもっていたから。

> 理由を聞かれているから、
> 「〜から。」と答えているよ。

八人の真ん中 [P55]

(1) 今度たんじょういわいをするから、きっかり八人で
来るように。
(2) おとの様
(3) ① 〈れい〉
(4)

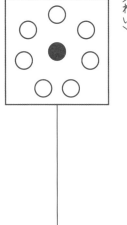

> 彦一を真ん中にして、かこむように
> まるくすわったんだね。

手ぶくろを買いに [P56]

(1) 森のほらあなの中
(2) ① 子どものきつね
② 目に何かささったと思ったから。
(3) どっさりとつもった雪の上からお日様がキラキラと
てらしていた。
(4) ①
(5) 子どものきつねが、雪の反しゃを受けたこと。

手ぶくろを買いに ② [P57]

(1) ⑦
① 光がまばゆかったので、面くらった。
② お母さん
(2) ① お母さん
② ぼうし屋さん
(3) ① ぼうし屋さん
② きつねが手を出して手ぶくろがほしいと言ったから。
(4) 木の葉

> 理由を聞かれているから、
> 「〜から。」と答えているよ。

青葉の下 [P58]

(1) 花がさいて、遠くから見るとかすみのかかったように
なる。
(2) ① 自動車が通るために、道を広げることになったから。
② おばあさん
(3) ① 茶屋で休んでいた村の人たち
② 賢吉、とし子、正二などの子どもたち
(4) 子どもたちの親たち
(5) あのさくらの木を切ってはいけない。
花が見られないし、夏になってもセミがとれないものなあ!
※ (3)の①はじゅん番がかわっても正かいです。

子どものすきな神さま [P59]

(1) (すきな) 子どもたちと遊んでいた。
(2) ⑦ けれど ① すると
(3) 雪に顔をおしあてて、顔のあとをうつした。
(4) 子どもたちは十三人なのに、顔のあとは十四あったこと。
(5) 神さま

ねずみのよめ入り [P60]

(1) ・神様におねがいして、やっと生まれた。
・とても美しい、日本一のむすめ。
(2) むすめのおむこさん
(3) お日様
(4) この世で一番えらいのは、いつも世界中を明るくてらす
お日様だと考えたから。
(5) 雲

> 理由を聞かれているから、
> 「〜から。」と答えているよ。

71

わらしべ長者 〔P61〕

(1) ① 馬　② 田んぼ、お米、家

(2) 半分の田は人にかし、のこりは自分で米作りをした。

(3) ㋐ すると　㋑ そして　㋒ こうして

(4) 一本のわらしべから始まり、道行く人と交かんしていくと、さいごにはおよめさんをもらって子やまごもできた。

※ (1)の②はじゅん番がかわっても正かいです。

かきの見はり 〔P62〕

(1) ㋐ しかし　㋑ すると

(2) 吉四六さんが近所の友だちを集めて、みんなで食べ〈てしまっ〉たから。

(3) ㋐

(4) ㋑

つぼ算用 〔P63〕

(1) (うめぼし用の) つぼと水がめ

(2) 店のつぼは、口が開いておらず、底がぬけている。
〈れい〉

(3)

(4) ㋐

(5) 本当は、あと一文はらわないといけないのに、返したつぼとあわせて二十文はらったことにして、大きな水がめをもらっていった。

※ (1)はじゅん番がかわっても正かいです。

よくばりな犬 〔P64〕

(1) Ⓐ しかも　Ⓑ そして　Ⓒ ところが

(2) ㋐

(3) 川の中の犬に向かって、ほえたてたしゅん間。

(4) ㋑

読解習熟プリント　小学3年生　大判サイズ

2021年4月20日　第1刷発行
2023年2月20日　第2刷発行

著　者　小山　修治郎

発行者　面屋　洋

企　画　フォーラム・A

発行所　清風堂書店
〒530-0057　大阪市北区曽根崎 2-11-16
TEL 06-6316-1460／FAX 06-6365-5607

振　替　00920-6-119910

制作編集担当　青木　圭子
表紙デザイン　ウエナカデザイン事務所